HYORONBUN

ノートとフセンでラクラクわかる

評論文

手塚比目古［編著］
都立立川国際中等教育学校主任教諭

ワタシははじめ
ボクはまじめ
はじめちゃん
まじめくん

「はじめ」から「まじめ」に勉強しよう！

教科書完全マスターシリーズ

真珠書院

はじめに

現代文で小説を読むのは好きだけれど、評論はちょっとつらいと思っている人は少なくありません。私も授業をしていると、「先生、今度はいつ小説の授業になるの？」と聞かれたりします。小説は主人公の心情に寄り添って読めても、評論はそうはいかないからでしょうか。しかし、読み慣れてしまえば、小説よりも評論の方がわかりやすいのです。読者に伝えたいことをわかってもらえなければ、筆者が評論文を書く意味がないのですから。

評論文を読解するのに、文脈をすっきり整理しながら読めれば苦労はないのですが、耳慣れない言葉はたくさん出てくるし、最後まで読むだけでも大変、とため息をつきたくなります。ただ読んでいくだけではつらいばかりなので、なんとか手を動かしながら読む方法はないものかと考えたのが、**フセンとマーカーを使っての読解法**です。

マインドマップという整理法を知っていますか？　与えられた題名や、書きたいテーマについてとにかく思いついたことを紙にどんどん書き出していき、あとから関係のありそうなものを線でつないでいくという、思考の整理方法です。バラバラに思い浮かんだものが、お互いに関連づけられ、いくつかの考えとして分類されていくので、自分で文章やレポートをまとめたりするのによいと言われています。自分の考えが整理できるなら、人の書いた文章はもっと整理できるはずですよね。紙の上に書き出すよりも、あとで動かせるほうが便利なので、フセンに書き出すことにしました。キーワードでもよいし、気になった表現でもいいのです。わかりにくければわかりにくいほど、とにかく手当たりしだいにフセンに書き出していきます。反対に、キーワードがすっきりわかるような文章だったら、見出しとしてフセンを利用するだけにして、それに関わる表現にマーカーで線を引いて整理してもよいでしょう。筆者の書いた文章をバラバラに分解してみて、そのフセンを後からグループにまとめ直してみると、筆者がその中で一番言いたいことが見えてきます。だんだん要領をつかんでくると、マーカーと数枚のフセンで整理できるようになるはずです。たくさん書いて、あとから整理するという使い方は、梅棹忠夫氏の『知的生産の技術』に出てくる「こざね法」に似ています。もう三十年以上前に示された方法ですが、原理はマインドマップと同じです。ため息をつきながら教科書を眺めているくらいなら、手を動かした方が、文章に積極的に関わっていけるはずですから、ぜひやってみて下さい。

評論に親しむもう一つの方法として、よく出てくる筆者や「○○論」について予備知識を蓄えておくことも有効です。高校から大学受験まで、筆者や「○○論」にも定番というものがあります。いろいろな問題集や試験、教科書に登場する筆者はだいたい二十人くらいです。この人たちが論ずる「○○論」もそれほど多くはありません。ですから、そうした評論の傾向や主題をあらかじめ知っていれば、文脈をどうたどればいいか見当がつけやすくなります。また、同じ筆者の文章をいくつか読んでいくうちに、自分自身も「○○論」をどう論じたらいいかというような、小論文の準備にもなっていくと思います。

この本では、「国語総合」で特によく取り上げられる八人の筆者・八つの教材を扱いました。苦手意識を持たず、マーカーとフセンを手に、果敢に挑戦していってください。

目次

はじめに……iii

●山崎正和●

1 「日本の文化」を論ずるとは？……2
2 フセンとマーカーで整理する「水の東西」……6
3 『混沌からの表現』→「日本的感性」……10
4 対比による「文化論」→「現代文化論」……16
5 「日本文化論」の読み方……20

●多木浩二●

1 「グローバリゼーション」＝「アメリカナイゼーション」？……22
2 フセンとマーカーで整理する「世界中がハンバーガー」……28
3 「記号論」的な意味の解読……34
4 グローバリゼーションについての賛否……38
5 「グローバリゼーション」論の読み方……43

●黒崎政男●

1 「メディア論」とは？……46
2 フセンとマーカーで整理する「ネットが崩す公私の境」……51
3 「デジタル社会」インターネットの功罪……57
4 テクノロジーの進化と人間……60
5 「メディア論」の読み方……64

●西垣　通●

1 「情報学」からコミュニケーション論へ……66
2 フセンとマーカーで整理する「『情報伝達』という神話」……70
3 「情報」とは何か……77
4 コミュニケーション論とは……81
5 「コミュニケーション論」の読み方……84

●内山　節●
1 時間を論じるということ……87
2 フセンとマーカーで整理する「時間をめぐる衝突」……92
3 「都市の時間」の矛盾を解決するには……98
4 価値の蓄積という時間論へ……102
5 「時間論」の読み方……106
●岩井克人●
1 経済を論じる視点……108
2 フセンとマーカーで整理する「マルジャーナの知恵」……113
3 「ポスト産業資本主義」での「差異」とは?……117
4 様々な観点からの「グローバル化」……122
5 「貨幣論」の読み方……126
●池上嘉彦●
1 「記号論」とは?……128
2 フセンとマーカーで整理する「『言語』としての文化」……132
3 「言語」と「文化」……137
4 「コード」と「コミュニケーション」……141
5 「記号論」の読み方……144
●鷲田清一●
1 「身体論」とは?……146
2 フセンとマーカーで整理する「身体、この遠きもの」……150
3 「わたしと身体との関係」……156
4 さまざまな「身体論」……160
5 「身体論」の読み方……164
あとがき……166
引用出典一覧……167
高校生のマナー（お礼状の書き方）……168

ノートとフセンで
ラクラクわかる
評論文

1 「日本の文化」を論ずるとは?

山崎正和①

「日本はどのような国か?」「他の国とどこが違うのか?」「日本人とは?」といった問いかけに対して、生活様式やその背後にある価値観の点から論ずるのが、「文化論」です。学問としては「文化人類学」などで扱われる分野です。外国人が日本の文化を見て、西欧と比べての独自性に注目して論じたものと、日本人が自国の文化について論じたものとがあります。

日本人自身が、「日本人」や「日本文化」を論じる場合、大半は、大昔からはぐくまれ、受け継がれてきたと考えられる「伝統的な文化」について論じたものになります。いわば日本人のルーツを明らかにし、アイデンティティを確認することで、これからの日本の文化はどうあるべきかという「未来像」を模索するのが目的になっています。生活の西欧化が進み、グローバル化されていく国際社会で、日本人としての独自性を失わずに国際人として生きるためにはどうしたらよいのか、という問題意識が、今後もこのような評論を展開させることになるでしょう。

伝統的な「日本文化」を論じる場合、まず、日本の国土や気候の特徴を踏まえ、そこから生まれた社会の特徴や価値観を説明しているものが一般的です。多くは、国土の閉鎖性や自然の豊かさなどが取り上げられます。

【地形・気候の特徴】

南北に細長い弧状列島で、気候風土が地域ごとに多様である。南西諸島以外、ほぼ温帯地帯に属し、季節風の影響で、夏は高温多湿で、冬は寒いというように、四季がはっきりしている。温帯の中でも最も降雨量が多い。

氷河期に日本列島が氷河に覆われなかったため、ヨーロッパやアメリカ大陸の温帯地域に比べて植物の種類も豊富である。

国土の六割は山岳地帯で森林に覆われている。平野部が少ないため、居住できる地域の人口密度が高い。大陸から適度の距離によって隔てられているため、文化を受容しながら侵略されることもないまま、独自の文化圏を作ることができる位置にある。

四方を海に囲まれ、黒潮と親潮のほか、オホーツク海から流れてくる流氷など、近海に豊かな漁場が形成されている。

【文化の特徴】

四季の変化に応じて稲作をしてきたため、季節の移り変わりに鋭敏な感性を持つ。自然条件は過酷でないため、自然に親しみ、自然との一体感の中で生きるという価値観を持っている。狭い地域に、他の民族の流入もなく生活しているため、閉鎖的で均質な社会が形成されている。

「日本文化」をこのように独自なものとして論じる場合、一番わかりやすいのは、他国との違いを述べる方法でしょう。古典の文献を材料にして、昔の日本人のものの感じ方を取り上げ、それに共感する形で述べる方法もあります。どちらの場合も、具体的な生活様式や芸術、文化的事物が話題になります。

ですから、**文章読解では、何が題材として取り上げられているか、それがどのような表現で説明されているかを、キーワードを探しながら押さえる**ようにしましょう。

また、それぞれの評論文の到達点（結論）は、「日本文化」はどのようなものか、ということなので、「～な価値観」「～という傾向」にあたるものを文章の中で探します。古典の文献にふれている場合は、それを一語で表す、いわばテクニカルタームが出てきますから、その語を筆者がどのような意味で使っているか、どのように説明しているかを追ってみることが大切です。

【日本文化を表すテクニカルタームの例】

幽玄　言葉や目に見えるものの外側に余情として感じ取られるものをよいとする美意識。明確に語らなくても相手に通じる、同じ価値観を共有する社会を前提とした美意識といえる。

わび・さび　茶道や俳句などの世界から生まれた美意識。華美を嫌い、極限まで無駄をそぎ落とした中に、自然との静かな一体感を求める。わびは、静かに澄んで落ち着いた様子を表し、さびは枯れて渋みがあることを意味する。

無常　仏教とともに入ってきた価値観で、すべて生あるものは必ず死に、変化しないものはない、という生々流転の認識。『平家物語』『方丈記』『徒然草』など、平安末期から鎌倉時代の文学の主要なテーマである。

間　時間的休止、あるいは空間的な空白のこと。リズムと呼吸とに大きく関連し、その空白に余韻や余情といった、ある密度を感じ取ろうとする、日本人の感性から生まれた言葉。古典芸能や短歌・俳句などで重んじられる。

本音と建前　狭く均質な社会の中で摩擦なく生きていくために、自己主張より和を尊ぶやり方。国際化とともに自己主張を重んじる傾向になったように見えても、依然として「KY（空気が読めない）」といった言葉もあり、集団の中では自己を埋没させていくのが安全という考えは根強い。集団からの突出を嫌う価値観が、現代でも「いじめ」のような問題を生みだしている。

このようなテクニカルタームが表す価値観は「日本文化」の柱といってもいいものです。「基礎知識」として頭に入れておくと、言葉自体が出てこなくても、筆者の導きたい方向を予測しやすくなります。

「日本文化論」＝独自の風土に育った、独自の感性や価値観を提示する。一般的に共有されている価値観は何か知っておこう。

2 フセンとマーカーで整理する「水の東西」

山崎正和②

まず一読して、目につく言葉を「キーワード」としてフセンに書き出してみましょう。すぐに、小見出しのように配置された「流れる水と、噴き上げる水」「時間的な水と、空間的な水」「見えない水と、目に見える水」という表現が見つかります。これらの表現は、段落の最初に置かれているわけではないので、小見出しではありません。筆者が、自分の言いたいことを読者に印象づけるために、配置した表現なのです。そして、その表現も「○○と○○」というように二者を対比する形にそろえられています。

ところで、この文章には、もう一つ対比の形で表現されたものがありますね。そう、題名の「水の東西」です。「水」は、文中で具体物として取り上げられている「鹿おどし」と「噴水」のことです。つまりこの題名は、この文章が、「鹿おどし」と「噴水」を比較することによって、「東」(=東洋=「日本」)と「西」(西洋)の水のあり方について比較してみせ、そこから何かを述べようとしているものだ、と示しているのです。

題名が「東」と「西」とに分かれているのですから、三か所のキーワードも、それぞれ東の「鹿おどし」と西の「噴水」に対応するように二つに分けます。

さて、六枚のフセンにキーワードを書き分けたら、それぞれについて説明している部分に、ラインマーカーなどで線を引いてみましょう。すると、「東」と「西」の水のうち、

「流れる水」「時間的な水」「見えない水」についての説明の部分の方が分量として多いということがわかります。

つまり、この文章では、東の「鹿おどし」の例によって説明したいものの方が中心の話題で、「噴水」の方はその比較として述べられていることになります。

最初のキーワードで特に取り上げられているのは、「流れる水」です。「水の流れなのか、時の流れなのか」というように、次のキーワードにつながるような表現を混ぜながら、「鹿おどし」が強調するのは、「流れてやまないものの存在」だと述べています。そして、「噴水」よりも「流れる水」を好むのは、日本人独特の感性だと言うのです。

二組目のキーワードでは、「噴水」を彫刻のような造形物として「空間的」にとらえるという比較から、「時間的」という語句が出てきます。水の流れが「鹿おどし」の水受けの

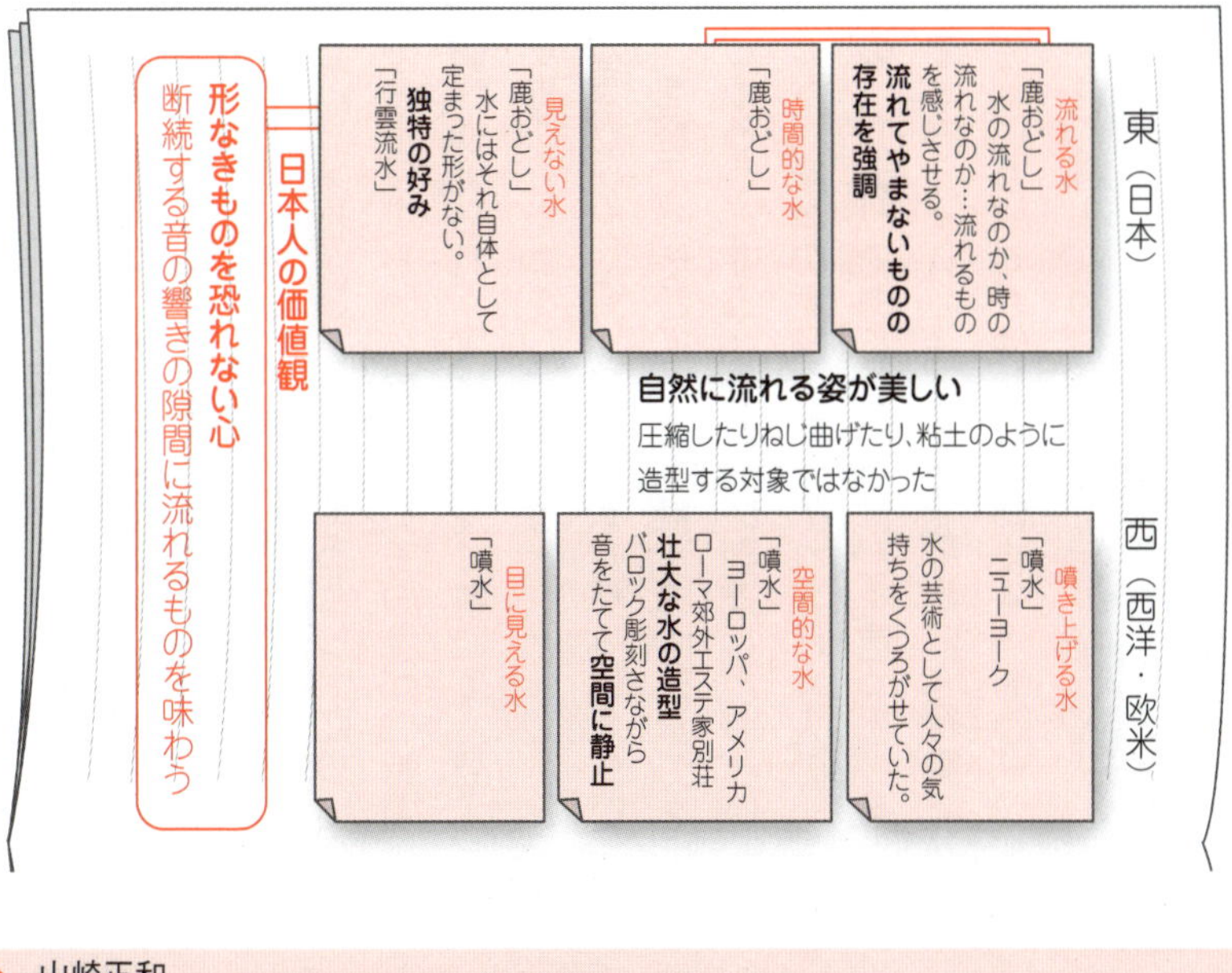

中にたまっていく間の沈黙の時間、シーソーが傾いて竹が石を叩く音によって区切られる時間として意識されることで、「鹿おどし」は、水の流れを時間の流れに置き換えるものとして働くのです。庭や池を実際に流れる水の姿が、「流れる」という言葉を軸にして、「時間」に置き換えられているわけです。

三組目のキーワードでは、水は「見えない」ものになり、造形的で空間的な「噴水」とは全く異質なものに変わっています。「鹿おどし」の水の流れを「その間隙に流れるものを間接に心で味わえばよい」という叙述は、「水の流れ」を「こおん」という音に置き換えろと言っているのではありません。実際に聞こえる音と音との間の無音の状態の中に、水が流れていることを感じろと言っているのです。水でもなければ、音でもない、「無」の中に流れる「時間」を心で感じ取ることが、日本人の「水を鑑賞する行為」だと言っています。

「噴水」についてのキーワードを見ると、「噴き上げる水」「空間的な水」「目に見える水」はどれも現実の風景の中にある実質的な水を表している語で、質としては変化がありません。それに対して、「鹿おどし」についてのキーワードは、実体としての水が、時間に置き換えられ、実体から遠く離れて、見えないものとなっているのです。

「鹿おどし」という具体物から「見えない水」を経て、そこにある「無」の中に全てを感じ取ろうとする「感性」に到達しようというのが、筆者の意図です。それが日本人の一つの「文化」であるということを言っているのですが、それを補強するために「行雲流水」という語句が使われています。もう一つのキーワードです。

「行雲流水」とは、風に流されて空を飛ぶ雲や、流れていく水のように、あるがままの自然にまかせ、物事にこだわらずに生きるあり方を意味する語で、古典の中の有名な歌人や俳人も好んだ仏教語です。雲の姿も水の流れも、とどまることがなく刻々と姿を変えていくものですが、それはこの世界が「無常」なものだということを表しています。流れにまかせ、「無」の中にあって、安静な心で全てを感じ取るという、先人がよしとしたあり方を、「鹿おどし」に託して確認してみせたというわけです。

「東西」という比較の形をとり、「東」の「水」を特別なものとして取り上げ、古典に出てくる言葉とその価値観で補強することで、「日本人の独特の感性」という「日本文化」を読者に示しているのが、「水の東西」という評論なのです。

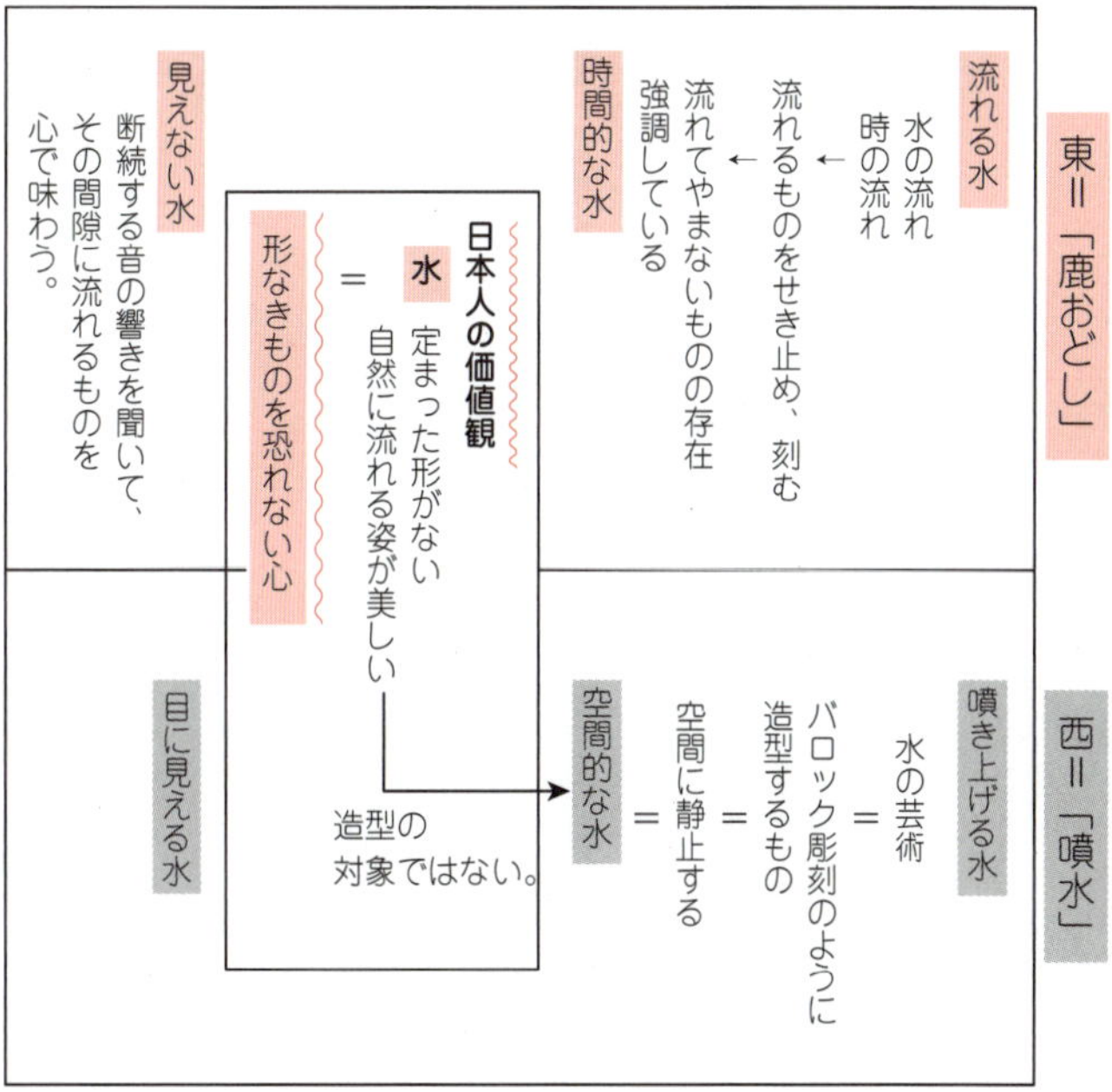

「水」の鑑賞を通じて、日本文化を論じている

「鹿おどし」の音と音との間の沈黙に、水の永遠の流れを感じ取る鑑賞のしかたには、形なきものを恐れず、無の中に永遠を感じ取ろうとする日本人の価値観が反映されている。

3 『混沌からの表現』→「日本的感性」

山崎正和③

「水の東西」は、西洋との比較によって、「鹿おどし」にみられる日本人のものの感じ方を明らかにした文章でした。では、この文章を読んだあなたは、ここに述べられている「ものの感じ方」を自分のものの感じ方と全く同じだと思えたでしょうか。

日本人にとって水は自然に流れる姿が美しいのであり、圧縮したりねじ曲げたり、粘土のように造型する対象ではなかったのであろう。

確かに、川や滝の流れる風景は魅力あるものですが、誰もがそれを「自然に流れる姿」の美しさとしてとらえるわけではありません。そもそも「鹿おどし」を実際に見たことがない人も今では少なくありません。また、巨大テーマパークで繰り広げられる、豪華な水と花火のショーの方がずっと魅力的だと感じる人には、「水の東西」を読んでも今ひとつ納得できないものが残るのではないでしょうか。

ここで述べられているのは、実は筆者自身のものの感じ方であり、それが「日本人」全体のものと言えるかどうかについては説明がありません。「日本人の」というためには、様々な時代の日本人が同様の感じ方をしていたことがわかるような資料を根拠として挙げなければならないはずです。しかし、そのような言葉として挙げられる仏教語の「行雲流水」も、「そういう思想はむしろ思想以前の感性によって裏付けられていた」というように、あくまでも「感性」の方が先にあり、それぞれの日本人の中に当たり前にあるものとされているのです。このように、自分のものの感じ方をそのまま「日本的感性」と位置づけるところに、筆者独特の「日本文化」に対する姿勢があります。

「水の東西」が収められている『混沌からの表現』から、筆者の「文化論」に対する姿勢のうかがえる部分を拾ってみましょう。

●文明の常識というものは、ほんらい人間にとって、ひとつの暗黙の了解のようなものではないだろうか。

●（文明批評の新しい任務とは）身辺のあらゆる些事《さじ》について共通の感覚を言葉によって恢復《かいふく》させる仕事である。

（『混沌からの表現』「日本人の心とかたち」）

文化とは、ある社会の中で共有される価値観やルールのまとまりと言うことができます。誰かが決めたものでも、どこかに明文化されているものでもなく、その社会で生活しているメンバーは無意識のうちにそれらを刷り込まれ身につけていきます。その社会のメンバーであれば誰もが同じ文化を共有しているはずだ、これが筆者の「文化論」の大前提となっています。つまり、ある社会のメンバー全体に共有されている「文化」がどのようなものであるか知るには、その一員である自分の中にあるものをくわしく見てやればよいというとらえかたです。思想や宗教といったものの歴史を外から客観的にたどるのではなく、これまでの人生で自分の中に蓄積されてきたものを「日本の」文化として取り出し、読者とともに再確認しようとしているわけです。そのような手法が成り立つのは、筆者の中に様々な古典や評論など、自身の属する世代を越えた「文化」の蓄積があるからです。

文化の中身は、時代とともに変化しますから、「日本文化」と言っても簡単にまとめられるものではありませんし、まとめられた「文化」に共感できない世代も出てきます。「水の東西」が発表されたのは一九七七（昭和52）年のことですから、そのような世代があっても不思議ではないでしょう。しかし、共感できなくても、筆者によって説明された「日本文化」を追体験することで、社会で一般に「日本文化」と認められているものを共有し、自分たちの位置を確認できるようになるのです。

『混沌からの表現』から、筆者が他に「日本的感性」として取り上げているものをいくつか見ておきましょう。

夏をいろどる風物詩のなかで、花火ほど魅力的で、そしていかにも日本的な美を見せるものは少ないだろう。……（中略）……そして、日本人はとくにこのリズム（筆者注・「序・破・急」のリズムのこと）に敏感であり、一瞬の変化の中にもまとまりを感じ取る感受性にめぐまれているのかもしれない。

（『混沌からの表現』「無常のリズム」）

「序・破・急」とは、もともとは雅楽《ががく》の構成を表した語で、序は導入部、破は展開部、急は終結部を指します。速度変化や、静から動、単純から複雑といった表現上の変化をこの三区分によって構成しています。筆者は、この三区分で構成されるリズムが、変化の中にまとまりを感じさせ「完結」したものとしての美しさを生むと述べ、俳句のような文芸や、「はかなさ」「無常」を感性の中に取り込みながらも、人生に安定した自然を見出す価値観を支えていると説明しているのです。「無常」とは本来は、この世に永遠のものなどなく、生きては「生老病死」という四つの苦しみにさいなまれ、死してなお「輪廻転生《りんねてんしょう》」し「悟り」を求めながらさまよい続ける、人の宿命を背景とした仏教語です。筆者は、日本においてはそのような「無常」を一つの「完結」したまとまりとして受け止めてきており、それを支えているのが「序破急」のリズムを感じ取る「日本的感性」なのだと述べているのです。つまり、俳句を楽しみ、花火のはかなさに心ひかれる日本人は、自分たちの人生の「生老病死」という変化さえ、ある「完結」した自然のこととして、同じように受け止めてきたというのです。穏やかな自然との一体感の中で暮らしてきた、日本人のどこか楽観主義的な一面を、「リズム」という観点から論じている文章です。

「水の東西」で、「鹿おどし」が刻む「単純な、穏やかなリズム」が、日本人の「積極的に、形なきものを恐れない心の現れ」に結びつけられていく論じ方と同じですね。

「名所」とはなんだろう。…（中略）…それはたんにめずらしい地形であるだけではなくて、それを見る人間の趣味が投影されて理念化された風景なのである。そうして、その海らしさや山らしさを抜き出して来るために、日本人はそれに見立てて、池や築山を庭につくる。

（『混沌からの表現』「演じられた風景」）

日本庭園もまた、西洋との文化比較の題材として、「日本文化論」ではよく取り上げられます。「枯山水《かれさんすい》」や「借景《しゃっけい》」など、その独特の技法の背後にある思想が「文化」としてとらえやすいからでしょう。筆者は、それらの「作庭文化論」に対して、「西洋の庭が自然の人工化であり、日本の庭は自然の延長だなどと気やすくいうのはつつしんだ方がよい」と反論します。そして、日本人には「海が海らしく山が山らしい」風景を大自然そのものから発見抽出して、「名所」とする能力がそなわっており、それを庭の池や築山に演じさせているのだ、「むしろ日本の庭は『見立て』を通じて、外なる自然を『名所』にまで人工化している」と述べています。「水の東西」では西洋の噴水は水を粘土のように造型すると述べられていましたが、西洋の庭園もまた水や植物、石を自然そのままとは全く違う形に造型したもので、それが多くの文化論の中では「人工化」と呼ばれてきました。日本の庭は、自然の樹木や水の有様を空間に再現し、時にはその庭の向こうに実際の自然の風景を取り入れたりもするので、「人工化」に対して「自然の延長」という表現があてはめられたのです。

しかし、筆者は、自然の有様をただ無造作に切り取っても、それは自然の本質を抜き出したことにはならないと言っています。役者が、人間の多面性の中から、「善人」や「悪人」の典型的なイメージだけを抜き出して演じるのと同じで、「名所」という「自然の本質」を表す風景を切り取る能力と、それを「池」や「築山」といった、本物とはかけはなれた事物を自然の山や海に「見立てる」（＝演じさせる）能力とが日本の庭園を作っているのです。だから、「日本の庭園」は、そこに自然の典型的な美を再現するために緻密に作られた「人工」美の極致だというわけです。

私たちは、筆者の「作庭論」を読むことで、それまでの「作庭論」全体を見渡し、それに対する筆者独特の視点を見ることができます。筆者の中に蓄積された「文化」と「文化論」を文章から知ることができるというのが、筆者の入門的な評論を読むメリットの一つでもあります。

枯山水（竜安寺）

4 対比による「文化論」→「現代文化論」

山崎正和④

「水の東西」では、「東」と「西」という対立する二つのものを比較することで、一方の特徴が明確にされていく様子をたどりました。「日本」と「外国」の比較は、文化論を日本の独自性において論じるのに適しているため、筆者だけでなく、他の評論家の文章でもよく見られます。『生存のための表現』では、日本人の「空間に対する感受性」について、近世までの都が盆地に置かれていたという「事実」と、西洋や中国などの都市が、周囲に巡らされた城壁や、中心部に広場を持つ構造であったことを対比して、日本の都市の特徴が「不安定なやわらかい構造」だと指摘しています。このような、都市から精神文化に到達する論じ方は、以下に掲げる評論にも共通していますね。

国際的水準から見て質的になんら遜色のないわが国の住まいでも、西欧の住まいとは本質的で重要な違いが一つある。それは、西欧の住まいには都市や町のような公共的な外部の秩序の一部であるという基本的な考え方があるのに対し、わが国では住まいは家庭という私的な内部の秩序であるという考えが基本的にあり…

（芦原義信『街並みの美学』）

多くの評論家が、東西の比較を論じつつ、日本の伝統文化のルーツを考察するという仕事をしていますが、これと同様に、「近代（化）」との対比という論じ方もあります。日本は明治維新以来、西欧化近代化の道を歩んできたので、維新後の日本（＝西欧・近代）との対比もまた、それ以前の伝統文化を明らかにする役目をはたします。

近代の産業化社会はすべての文化を複製化し、教育からファッションや美食文化まで、ことごとく巨大な機械的媒体に乗せようと努力してきたといえる。だが、その反面、人間の文化に対する本質的な要求から見ると…（中略）…人びとはそれだけでは満足できなくなるのが自然なのである。

（『自己発見としての人生』）

これらの評論には、ただ日本のルーツを考察するだけでなく、日本の伝統的な文化から現代日本文化を評価するという役割があります。現代の我々の文化のどこに価値があり、問題があるのかということを考えるのに、伝統的な日本の文化をものさしとする方法です。右の文章では、「近代化」と「日本的感性」の対比によって、現代文化に欠落しているものを「不満足」として挙げています。その上で「一期一会《いちごいちえ》」と言い表されるような、一回きりの「人間どうしのなま身の接触」という観点から、心の交流や人生の価値を論じていき、伝統的な「文化」を再確認、またはそこに回帰することよって、現代文化を補完していかなければならないという結論に到達します。

伝統的な文化によって現代文化を補完すると言っても、ただ「良かった昔」に帰ればよいというのでは文化は停滞してしまうでしょう。文化を取り巻く状況自体が昔と今とでは大きく変わっているのですから、当然、現状に合わせた「伝統文化」の確認が必要です。

筆者が二〇〇一（平成13）年に発表した『世紀を読む』では、日本の伝統競技の柔道を取り上げています。柔道は「柔よく剛《ごう》を制す」（古代中国の兵法書『三略』の語。柔らかくしなやかな者こそが、かえって剛強な者に勝つという意味）の理念によって教えられ、力や体格に劣る者でも、鍛えられた技と機敏さによって勝つことができるとされた競技でした。しかし、オリンピック競技となり、重量制が導入されたり、青い柔道着を着てガッツポーズをする選手など、国際化の過程で本来の柔道とは違う姿に変わってきています。

> 世界の選手が闘う柔道競技は、もはや生まれつきによってしか理解できない民族文化ではない。それをなお現在の日本国民が誇りうるとすれば、この文化が特殊日本的であるからではなく、逆にここまで普及しうる普遍性を持っていたからである。（『世紀を読む』）

国際化が進んだ現代では、人も物も情報も国境に関係なく行き来するようになりました。その中で、伝統文化にしがみつくことでしか、自国のアイデンティティを獲得できないとしたら、国も文化も世界から取り残されてしまうでしょう。筆者は、あらゆる対比の中で、国境を越えても普遍性を持ち、普及する力を持つような「日本的」なものを、伝統的な日本文化の中からすくい上げようとしているのです。

同じ評論の中で筆者は、文化論の必要性を時代批評に置いています。筆者は二十世紀の文化論が、国家としてのアイデンティティを求め、他国との違いを意識的に強調するような政治的なものであったり、逆に、それぞれの文化を学問として研究するようなものであったりして、人々の生活から離れていくようになったと考えています。その結果として文化は「理由もなく、意識することさえなく、流行したものは正しいとする風潮」によって衰退したと述べ、「それぞれの『私』が生きるなりふりの表現として、自己の文化的な規範を論じなければならない」としています。

国際化社会でのものの行き来は、何が好んで消費されるかという市場原理や、そのものの真の価値より、多数決によって選ばれたものを価値が高いとする原理によって動かされていきます。それに振り回されて、自分が何をより所にして生きるかという柱を失ってしまったら、人間はその時々の欲求となりゆきに従って生きる存在に落ちてしまいます。筆者は、自己が置かれている状況がどのようなもので、自分はどこに向かっていけばいいのかということを考えるのが、「文化論」だと述べています。

生活が西欧化しても変わらず日本人の根底にあり、流動する国際社会の中で価値を持ち、時にはそこにある問題の解決力を持つような「日本文化」を取り出すことが、筆者にとっての「日本文化論」の到達点と言えるでしょう。

5 「日本文化論」の読み方

山崎正和⑤

「日本文化論」に属する評論では、まず扱われている具体的な事柄が何かをつかみましょう。その上で、それが「伝統的」なものに属しているのか、それとも「西欧」「近代」「現代社会」などに属しているのかを見極め、どのような対比で述べられているか整理します。日本の文化を論じるときの対立項目は、次のように類型化することができます。

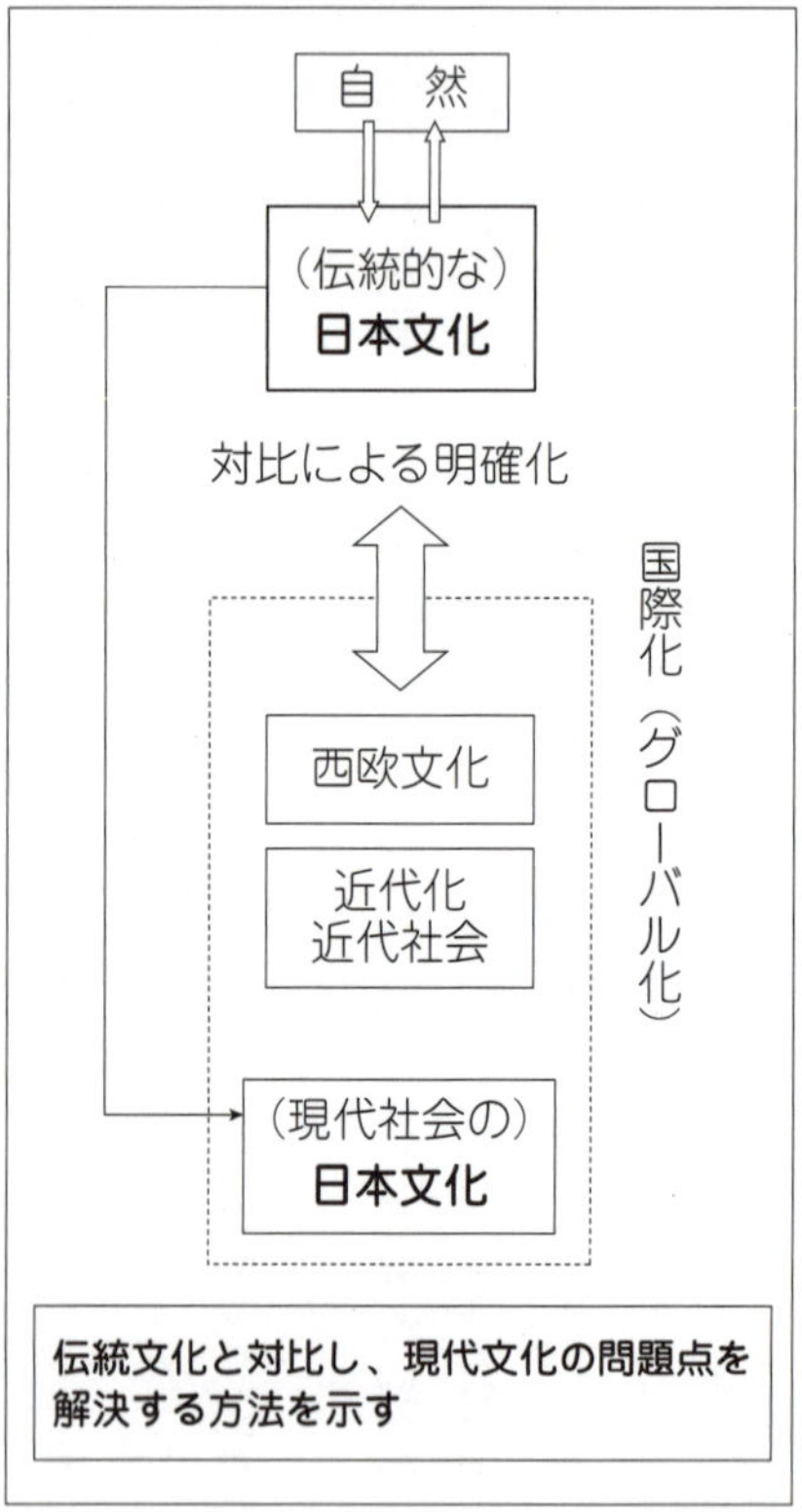

ここでは「自然」はしばしば「伝統文化」と一緒に扱われます。日本の伝統文化の背景には日本の風土気候があり、その中で日本人は自然と一体となって生きるという姿勢を育んできたからです。「伝統文化」には「一期一会」「行雲流水」のようなキーワードが出てこないか必ずチェックします。

「日本文化論」の結論は二種類です。一つは、伝統的に存在する日本文化を明らかにし、日本人としてのアイデンティティを示すものです。古典などから、それを表すキーワードが出されます。日本の精神風土を理解するのが目的となっているので、読解ではそれを説明した部分に線を引きながら読んで行きましょう。もう一つは、日本の現代文化を明らかにするものです。「伝統文化」との対比において、現代文化がよいと言っているのか、現代文化の問題点を挙げているのかを見極めましょう。問題点の場合は、どのようにすべきだと言っているのかを「伝統文化」と関連させて読み取るようにしましょう。

> 「日本文化論」の結論
> ①これが「日本的」！＝独自性を持つ「伝統文化」としての日本文化
> ②日本の現代社会の
> (1)新しさ・良さ　＝国際社会や古い文化の限界と対比して述べる
> (2)問題点　＝問題点の解決策として、「日本的」なものを再確認する

1 「グローバリゼーション」＝「アメリカナイゼーション」？

多木浩二①

「世界中がハンバーガー」のキーワードである「アメリカナイゼーション」は現在、「グローバリズム」または「グローバリゼーション」という言葉とよく対《つい》にして使われています。

この「グローバリズム」という言葉には二種類の意味があり、そのとりかたによって、「グローバリズム」の論じ方も変わってきます。

一つ目は「多国籍企業の地球規模の戦略。資本調達、人員の雇用、生産、マーケティングなどを、一国経済を超えて世界的規模で展開すること」で、多国籍企業による富と情報の集積場所がアメリカであるため、「グローバリゼーション」とは「アメリカナイゼーション」のことだとする論が生まれます。もう一つは、「宇宙船地球号」や「かけがえのない地球」などの言葉で表現されるような「世界は一つの共同体であるという認識や行動」を言い、環境、人口、食糧、エネルギーなどの問題を地球全体で解決して行かねばならないといった論が展開されるものです。

こうした「ネーション（国家の制限）を超えた」視点が生まれたのには、交通や情報通信の技術が高度に発達したという事情が背景にあります。人々は国境や時間空間的な距離に制限されることなく、モノや情報をやりとりできる世界に生きています。かつては、船便や航空便で時間をかけるか、費用のかかる電話回線を通じてしかできなかったために、その負担にふさわしい動機と経済力を持つ者にしか許されなかったことが、広く一般に開放されたのです。インターネットの発達は、国家の制限を超えて個人に情報を与えるだけでなく、「ツイッター」や「フェイスブック」といったツールを通じて情報を自由に発信する機会も与えました。今日、個人は必要なら、政治的に閉鎖されている国家にいても、世界で何が起こっているか知ることができ、自分が置かれている現状について世界に訴えることができるようになったと言えるでしょう。またそのように発信された情報を他の国家にいる個人が受け取り、その問題に対する連帯の動きがネットを通じて広がっていったりもするのです。個人が地球規模の視野と行動力を手に入れるということを、肯定的に論じていくのが「宇宙船地球号」的な姿勢と言えます。「世界は一つ、人類は兄弟」と言うような、博愛主義的な理想論に見えますが、評論の中では、具体的な問題点を掲げ、その解決策について厳密に検討していくものが多く見られます。

これに対して、「グローバリゼーション」のマイナス面について論じられることが多いのが、「グローバリゼーション=アメリカナイゼーション」という展開のしかたをとるものです。もともと「アメリカナイゼーション」とは、文化や思想、政治、経済のあらゆる面でアメリカ化するという意味の語です。例えば、コカ・コーラが日本で売り出されたのは一九六〇年代後半でしたが、それは単に新しい清涼飲料水が日本に入ってきたということではなく、コカ・コーラのある、アメリカ的な生活スタイルが入ってきたということを意味しました。ファミリーサイズという少し大きめのボトルの、「三杯飲んでまだ余る」というキャッチコピーは、家族三人で飲む、つまり都市の核家族を前提にしているものでした。冷蔵庫やテレビ、マイカーで家族が出掛ける生活スタイルが、都市の家族像の理想として、コカ・コーラとともに日本に入ってきたと言えるでしょう。アメリカを豊かさの象徴としてとらえ、それに追いつきたいと模倣するということが、「アメリカナイゼーション」の本来の内容でした。そのように一つの外来文化の受容として論じるものもあり、「アメリカナイゼーション」の功罪を明らかにするには、まだその内容が整理されていないようです。

筆者を含め、マイナス面の論じ方をとる人々は、「アメリカナイゼーション」がそれぞれの地域の文化や独自性を塗り替えてしまう、ある強制力として働く場合に着目しています。特に、アメリカが国際社会において主導権を大きく握っている、政治と経済の分野でそのようなマイナス面が論じられます。「民主主義」が戦争の理由になったり、「自由主義経済」が他の国の経済に影響を与えたりするような例が取り上げられるのです。

このように、一口に「アメリカナイゼーション」「グローバリゼーション」と言っても、中身は様々ですから、**文章読解では、取り上げられている例が政治、経済、文化などどの分野のものか見きわめ、肯定否定のどちらの論調で展開されているか、押さえる**ようにしましょう。

【アメリカナイゼーション、グローバリゼーションを表す時事用語の例】

多国籍企業　巨大な資本力をもち、複数の国で生産・販売活動を行う、世界的規模で活動する巨大企業。当初は生産活動に関わるものが多数であったが一九七〇年代の変動相場制採用以降、日本の総合商社や銀行等金融機関の多国籍化が目立つ。円高や旧社会主義国家の崩壊、中国の市場経済導入、EU成立などによって市場が広域化したことで多国籍企業の活動領域は拡大した。資本自由化とともに日本に対する多国籍企業の進出がみられる反面、日本企業の多国籍化も進んでいる。多国籍企業の海外直接投資は、南北間の資源開発問題など、投資国と被投資国との紛争のもとになっているものもある。

規制緩和　世界的には、金融・航空・電話・電力・ガスなどのいわゆるネットワーク産業の自由化を促し、自由主義経済を広げるものとして重要な検討課題となっているもの。世界貿易機関（WTO）や国際通貨基金（IMF）などの国際機関もそうした動きを積極的に支持している。しかし市場原理主義を導入すると、ユニバーサルサービスが崩壊するなど、経済に大きな損害を与えることもある。また、政府が介入をしなくなることが必ずしも市場競争を強化することにならず、市場が一部企業による独占・寡占などの状態に陥る場合もある。

TPP　環太平洋経済協定（Trans-Pacific Partnership, Trans-Pacific Strategic Economic Partnership Agreement）二〇〇六年にAPEC参加国であるニュージーランド、シンガポール、チリ、ブルネイの四か国が発効させた、貿易自由化を目指す経済的枠組み。工業製品や農産品、金融サービスなどをはじめとする、加盟国間で取引される全品目について関税を原則的に一〇〇％撤廃しようというもの。二〇一五年をめどに関税全廃を実現するべく協議が行われているTPPが原則として例外を認めない貿易自由化の協定であることから、コメをはじめ国内の農業・漁業は壊滅的な打撃を受けるとして反発する声も上がっている。

グローバルスタンダード　特定の国や企業などに限られた基準ではなく、世界で通用する基準やルールのことで、地球規模での標準化・共通化を意味する。国際標準、国際基準ともいう。特に経済界では、経済のボーダーレス化により金融の自由化と国際化が進む中、世界の経済や企業が共通のルールに基づいて行動しなければ、円滑な活動が進められなくなってきたために重要視されている。企業で行われている例として、時価会計制度の導入、経営内容の情報開示の徹底や、実力主義に基づく人事・給与制度などの導入などがあげられる。

（郵政）民営化　郵政民営化に対しては米国からの強い要求も存在した。二〇〇四年に公表された「日米規制改革および競争政策イニシアティブに基づく日本国政府への米国政府要望書」には日本郵政公社の民営化の要求が記載されている。米国政府は要望書で自国保険業界の意向に沿う形で「簡保を郵便事業から切り離して完全民営化し、全株を市場に売却せよ」と日本に要求している。一方で、民間企業が民営化会社をライバル視し、全体的に競争することでサービス水準が向上するという意見もある。

アフガニスタン紛争　二〇〇一年九月十一日のアメリカ同時多発テロ事件に対し、北大西洋条約機構（NATO）は「集団的自衛権」を発動した。アフガニスタンの九割を実効支配していたタリバン政権は、国連安保理決議によるビン＝ラーディンとアルカーイダの引渡し要求を拒否したため、NATOは十月にアフガニスタンを攻撃、タリバン政府を崩壊させた。以降、国連の主導によるアフガニスタン復興と治安維持が行われているが、南部を中心としてタリバン派勢力による攻撃が続き、アフガニスタンの治安は現在も安定していない。この攻撃はアメリカ合衆国政府によって「対テロ戦争」の一環と位置づけられ、国際的なテロの危機を防ぐための防衛戦として行われた。またその後、アフガニスタンからパキスタン連邦直轄部族地域にかけてタリバン系の組織活動が活発となり、海上でテロ組織の補給ルートを断ち切る海上阻止活動も行われている。対テロ戦争の動きは更に、イラン、イラク、北朝鮮の三か国をテロ支援国家であるとするブッシュ米大統領の「悪の枢軸発言」に発展し、二〇〇三年にはイラク戦争が始まった。

これらの時事用語が出てくる文章は、「グローバリズム」を政治や経済の問題から論じる場合の、ホットな話題です。それぞれが「自由主義経済」「民主主義」と深く関わり、アメリカの影響の大きさがわかるでしょう。「基礎知識」として頭に入れておくと、言葉自体が出てこなくても、筆者の導きたい方向を予測しやすくなります。

「グローバリズム」＝文化、政治、経済の地球規模の拡大。
取り上げられている事例から、肯定否定どちらの意味によって論じているか判断しよう。

2 フセンとマーカーで整理する「世界中がハンバーガー」

多木浩二②

読み始めてすぐに、「二十世紀文化の一つの特徴」は「アメリカナイゼーション」だったという表現が目を引きます。「アメリカナイゼーション」とは、「〜にする」という意味の「〜ize」が国名に付いてできた語の名詞形ですから、「アメリカ（のような状態）にすること＝アメリカ化すること」という意味です。アメリカ化の一例として、ハリウッドやアメリカの若者から発祥した大衆文化が世界に広がったことや、超高層ビルが林立する都市の光景がどの国でも見られるようになったことが挙げられています。その上で、「日常的で、浸透しやすい生活文化」のレベルから「ファースト・フード」を特に取り上げようとしています。つまり、筆者は、世界がアメリカ化したという「二十世紀文化の特徴」を、外見上の変化や、文化の流行といった面からではなく、もっと根本的な、私たちの生活レベルでの変化として述べていこうとしているらしいとわかります。それを示すキーワードとして「アメリカナイゼーション」と「ファースト・フード」が繰り返し出てきますから、これに着目して読み進めていくことにしましょう。

まず、「アメリカナイゼーション」という語にラインマーカーで線を引きながら、その語についてどのような説明がされているか、フセンに書き出していきます。筆者が、アメリカ化をどのように定義しているか、「ファースト・フード」の例以外で述べているところをみつけるためです。

　すると、「アメリカナイゼーション」という語は、第一段落と第三段落に出てきて、第二段落には出てこないこと、また、この語についての説明も同じような表現が繰り返されているということに気がつきます。そういうフセンはノートに重ねて貼り、フセンを内容ごとに、山に分けてみましょう。山は3～4個できますね。

　まず最初の山からは、「アメリカナイゼーション」が「二十世紀の文化の特徴」であり、その例として「ファースト・フード」特にハンバーガーのチェーン店を取り上げる、という序論がまとめられます。

　では、「アメリカナイゼーション」とはどういうものでしょうか。それは「強力な資本の力」による「文化の波及」だと整理できます。しかも「資本の力」は「商業の形態」をとるとされているので、「アメリカナイゼーション」とは、資本が商業の形態をとりながら、「アメリカ」という、ある一つの「文化」が世界中に広がり、世界を「均質化」することだと分かります。それは、世界中がアメリカ文化一色になるということでしょうか。そもそもアメリカ文化とはどのようなものでしょう。筆者は、「アメリカ」には実体がないと言っています。二十世紀にアメリカから起こった、資本の力によって世界を動かすというやり方を「アメリカ」と名付けていると考えればよいでしょう。資本つまりお金は、交換可能な価値を示している数字だと考えれば、それには国籍も実体もありません。生産から消費までの過程からいかに利益を上げるかということについては、宗教や文化といった他の価値が入り込む余地はありません。そのため「アメリカ」は無国籍なものとして世界に広がっていきます。つまり、「アメリカナイゼーション」とは、「商業の形態

＊ キーワード「アメリカナイゼーション」についての説明をフセンに書き出してみる。

第一段落

①「アメリカナイゼーション」
二十世紀の文化の一つの特徴
一例
＝ファースト・フード

③「アメリカナイゼーション」
二十世紀文化の本質

「二十世紀の文化」の特徴
＝「アメリカナイゼーション」
↓
ハンバーガーという具体例で説明。

⑤「アメリカナイゼーション」
ハンバーガーのチェーン店では露骨に感じられる。

第二段落へ

②「アメリカナイゼーション」
ネーションを超えた世界的な力の表れ
強力な資本の力

「アメリカナイゼーション」は、**資本の力によって**進められる。

④「アメリカナイゼーション」
ネーション・ステートを超えて広がる
文化の波及

「アメリカナイゼーション」は、ある一つの「文化」が広まること

第三段落

⑥「アメリカナイゼーション」
資本が商業の形態をとりながら
文化の様式を携えて
世界を均質化する。

⑧「アメリカナイゼーション」
一つの
均質化する力

「無国籍」という
「文化の希薄化」が世界全体に広まること。

⑦「アメリカナイゼーション」
←アメリカ 実体がない
＝「無国籍化」
＝世界的に広がるネーション
固有の文化の希薄化

⑨
同一の網目に組み込む
無視できない力の
兆候的現象

＊「ファースト・フード」についての説明をフセンに書き出してみる。

第二段落

〈都市生活の特徴〉＝ファースト・フードが広まる背景として

② 人間の集合状態の変化に対応している。

⑤ 家族の消滅と言わないまでもその希薄化

⑥ 都市という集合における人間の行動パターンのなんらかの変化と関係

「集合状態」

① 食事のしかたが気軽さを好むようになった。

③ 徹底した食習慣の簡便化を好む都市生活者の一面が世界的に拡散している

「食事」

④ 私的な生活の増大のために公的な饗宴の意味を希薄にしていく。

⑦ 文化や人間の集合状態に変化が起こった

⑧ **私的な生活、労働や遊びのパターンも個人的かつ多様になっていった**

「都市」
＝個人の生活形態が個人的かつ多様化していく社会→集合体としてのつながりが希薄化する＝文化の希薄化

相乗効果による加速

〈ハンバーガー店の特徴〉

⑨ 内装を統一
メニューを画一化して
厨房を廃した
↑
中央の管理を極めて容易にしたネットワークの端末

〈もたらされた結果〉

⑩ **食事の内容からほとんど文化的な意味を失わせた**

⑪ 人々の接触の様相を変えていった
家族制度の拒否
時間の節約
他人との接触の拒否

をとって、その無国籍性によって世界を均質化していくこと」であり、結果としてそれぞれの国の「固有の文化の希薄化」を招くもの、とまとめることができます。

第二段落は、この「均質化」「固有の文化の希薄化」がどのように進むのか、「ファースト・フード」の例によって具体的に説明している部分です。「ファースト・フード」が広まった理由を「都市生活者」に着目した上で、「人間の集合状態」と「食事のしかた」の二点から説明しています。繰り返し出てくる説明をフセンに書いて分類すると、食事を簡便に済ませたいという好みも、集合体の中の公的な個人の位置づけやつながりを希薄にしていくという性質も、実は都市とそこでの生活の特徴として一つにまとめられることがわかります。つまり、都市（生活）とは個人の生活形態が「個人的かつ多様」化していく社会であり、その結果集合体のつながりを作っている文化そのものが希薄化していくということです。都市生活の中で、個人は時間の効率を求め、人間関係の煩わしさから逃れたいと思っています。「ファースト・フード」店が「中央の管理を極めて容易にしたネットワークの端末」として提供する「無国籍」な空間と商品は、こうした都市生活者によって受け入れられ、都市の拡大とともに世界中に広がっていったのです。

筆者は「アメリカナイゼーション」の一例としての「ファースト・フード」の普及は、世界のどの都市に行っても「同じ看板、同じ内装、同じメニュー」があるという生活に慣らされることで、個人が自己の属する集合体（文化）とのつながりを失っていくという事態を招いていると結論づけています。「二十世紀の文化の特徴」は、国境に関係なく拡大していく資本の力によって世界中の都市の形態が均質化していくというもので、その弊害として、それぞれの国や地域固有の文化が失われていくという結果を招いているということです。そして、そのような均質化や希薄化が、「ファースト・フード」のような日常生活のレベルで進行するため、私たちはそれに慣らされることで危機感も問題意識も持つことがないと警告しているのです。

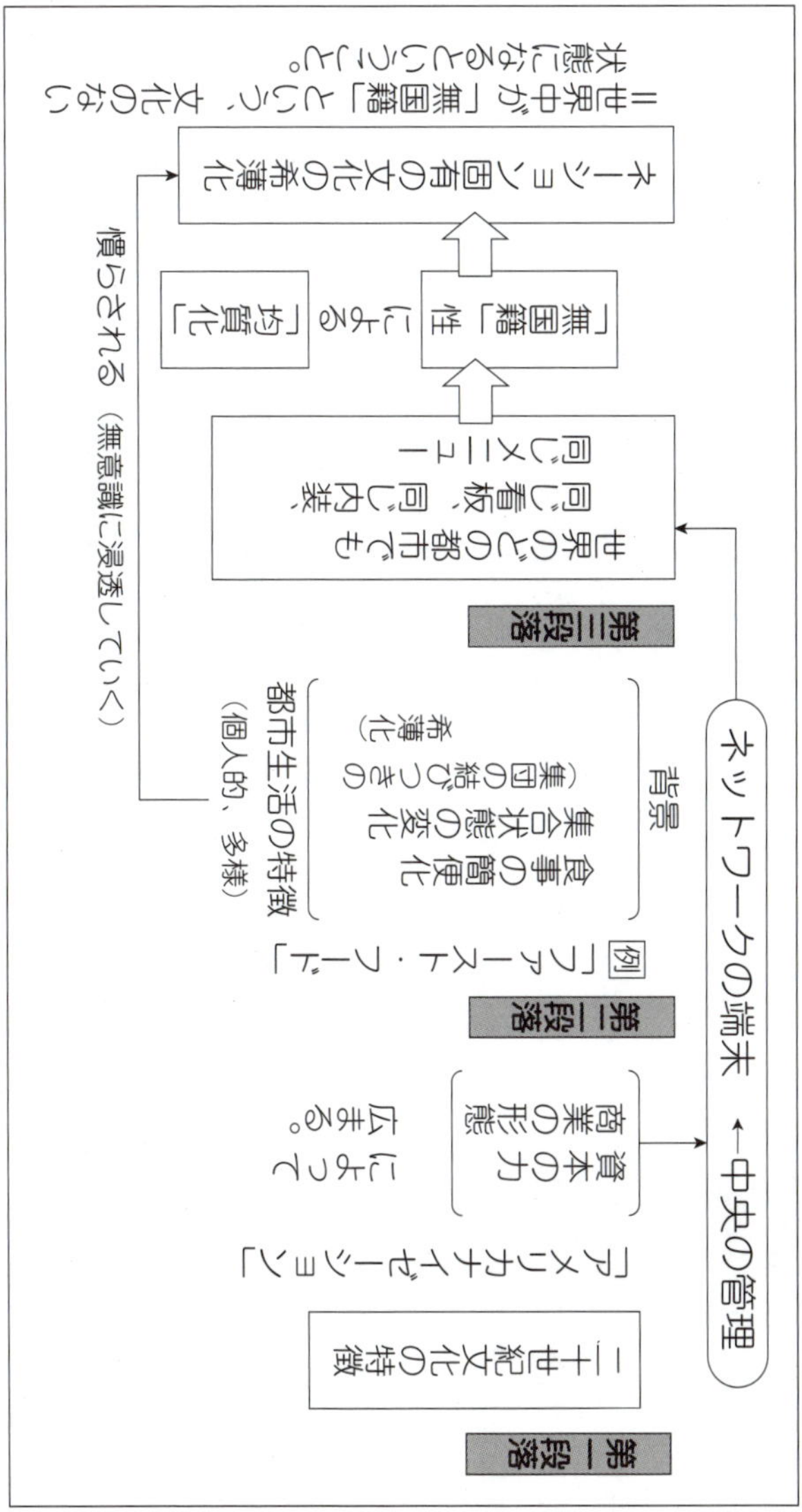

3 「記号論」的な意味の解読

多木浩二③

ファースト・フード店は、世界中どこへ行っても安価な食事を、待ち時間も面倒な手間もなく手に入れられる場所です。店による味の当たりはずれもないので、それほどおいしいわけではなくても、期待が裏切られたりせず安心です。これが私たち個人にとっての、消費の対象として見たファースト・フード店です。

では、それが世界中に広がり、人々の生活に浸透するという事態にはどのような意味があるのでしょうか。このような「意味」について考察しているのがこの評論です。例えば、ハンバーガーのチェーン店が世界中に広がれば、その企業は巨大化するでしょう。地域産業を買収するかもしれません。また、牛肉や小麦の市場も拡大するかもしれません。コーラ、ポテト、ハンバーガーという高カロリー食の常食により肥満や生活習慣病も増えるかもしれません。しかし、これらは「意味」ではありません。「(予測される)結果」であり、効果や働き(「機能」)です。

ファースト・フード店が普及するということは、同じ看板、内装、メニューが世界中に広がるというだけではありません。筆者が指摘するように、これまでになかった「人々の集合状態」が普及していくという意味を持っているのです。

あなた自身がファースト・フード店を利用する時のことを思い浮かべてみてください。短時間で安く食欲を満たすためにだけ利用するのではないはずです。友達と、あるいは一人で、注文した品を食べた後いすに座り、携帯電話をいじったり、これから行く塾のテキストを開いていたり、時にはうたた寝をしたりしながら時間をつぶしているのではないでしょうか。友達と向かい合って座っていても、過ごし方はそれほど変わらないでしょう。たあいのない話もしますが、時間の大半はそれぞれの気分にまかせて過ごしているはずです。

若い世代だけではありません。本や新聞を読んだり、書き物をしたりする中年以上の世代もよくみられます。そうした人々は、百円か二百円のハンバーガーやコーヒーと引き替えに「人から煩わされずに過ごせる空間」を買っていると言えます。自分が属している学校や会社、家をひとたび離れると、都市には座っていてもいい場所というものがありません。デパートにしてもショッピングモールにしても、食事や買い物、娯楽などの目的を果たす場所はあります。私たちは、そこで代金を払って過ごしますが、目的が果たされてしまえば出ていかなければなりません。都市というのは、目的を果たすためにどこかに留まるのでなければ、浮遊していくのが前提になっています。あとは地べたに座りこむしかありません。自分の帰属する空間に帰ればよいかもしれませんが、それはそれなりの煩わしさを伴います。

このような、浮遊に疲れた人々をファースト・フード店は受け入れてくれます。店員との関係も商品の売買に関する接触しかありませんし、完全にマニュアル化されているため、余計な関係は生じようがありません。人との接触の煩わしさなしに、誰ともつながらない個として過ごせる場所がファースト・フード店なのです。ファースト・フード店のこのような空間が求められるのは、都市の生活者である私たちが、誰ともつながらない個として生きる気楽さを求めているからと言えます。

つまり、「ファースト・フード店」は、「個人的」で「多様」な価値を持つ都市生活者の入れ物としての意味を持ち、それが世界に広まるということは、孤立した「個人」が世界中で増殖していることを表していると言えるでしょう。

このように「ファースト・フード店」の普及という観点から、社会の様態の変化や人々の考え方の変化を「意味」として取り出してみせる論じ方を、筆者はいろいろな対象についてしています。『目の隠喩』では、椅子の形態の変化と、人々の関係の変化を論じています。

家具の使用とはたんに椅子に座り、ベッドに横たわることではない。「使用」は「機能」よりもはるかに具体的であり、家具の使用とは、人びとの室内における振舞いの全体の仕組みの中に家具を位置づけて考えることになる。人間には抽象的な休息、抽象的な活動はありえない。人間の、道具にかかわる身振り、身ごなしはある時代のある地方に固有なものだといえよう。こうした身振りの全体が文化である。

（ロココの椅子の成立について）

椅子の輪郭を描く線は直線からS字型の曲線に変り、椅子のスケールもひとまわり小振りになって、いかにも安楽な気分にあふれる。それが使われるのが、もっと官能的で親密な気分に満ちた部屋であり、その椅子には儀式的なパフォーマンスではかかわりあえないように見える。

（『目の隠喩』）

右の文章では、椅子は座るものとしての「機能」を持つが、それがどのように「使用」されたかによって、椅子のある空間の人間関係のあり方や価値観などを「意味」として読み取ることができると述べています。そして、椅子の形がバロックからロココに変化していった過程に、王が絶対的な権力を持って座った椅子と、サロンでより個人的で親密な関係の者たちが座った椅子というように、そこに現れる人間の集合状態、文化の違いを読み取っています。このように、人間の行動や、人間を取り巻いている事物について、その目的や働きではなく、それがその時代や文化にとってどのような意味を持っているかを解読しようとしているのが筆者の評論です。このようなアプローチのしかたを「記号論」と呼んでいます。ある事物を直接取り上げるのではなく、それを一つの目印として、その事物のまわりにどのような人間の行動、または身振りが配置されるか説明され、そこからある文化を読み取っていこうというものです。しぐさを直接とりあげれば「身体論」、社会における人間の集合状態をとりあげれば「都市論」というようにいろいろな論があります。読解の際には、具体的な事物よりも、それに関わる人間の方に着目していくと整理しやすいのが、このタイプの評論です。

4 グローバリゼーションについての賛否

多木浩二④

さて、「グローバリゼーション論」としてよく挙げられるものは、上の四点についてのもの

(1) 交通、通信技術の発達
(2) 文化の均質化
(3) 経済活動の領域拡大
(4) ナショナリズムとの対立

が多いようです。それぞれについて論じられる場合もありますが、(1)の結果として(3)の状態が生まれ、二次的な結果として(2)が起こり、それに異を唱える人々が出てきて、(4)の事態になるというような流れで論じられたりもします。(1)〜(4)それぞれの観点について、どのような肯定論否定論があるか、整理しましょう。

〔(1)の肯定論〕

①個人が、居住や就労の場所や形態、観光など、得たいものに応じて移動することができる。

②通信技術の発達により、個人の知る権利や言論の自由が拡大する。

〔(1)の否定論〕

①「ツィッター」や「フェイスブック」などの情報交換ツールの普及により、個人の匿名性が高まり、集団としてのつながりが失われ群集化する。（大衆社会の加速）

〔(2)の肯定論〕

①世界中の物資、人材、知識、技術が交換・流通されるため、科学や技術、文化などがより発展する可能性があり、個々人もその恩恵を受けることができる。

〔(2)の否定論〕

①強い国、特にアメリカのシステムの流入によって、自国のシステムや文化が破壊される。（「アメリカナイゼーション」）

〔(3)の肯定論〕

①国際的分業（特化）が進展し、最適の国・場所において生産活動が行われるため、より効率的な、低コストでの生産が可能となり、物の価格が低下して社会が豊かになる。

②投資活動の市場が広がるので、良いものを選択することができ、額やリスク管理などの面で効率的な投資が可能となる。

③環境問題や不況・貧困・金融危機などの大きな経済上の問題、人権問題など対する関心が高まり、国際間の協力と解決が見込める。また各国間の関係が密接になるため、戦争が抑制される可能性がある。

〔(3)の否定論〕

①安い輸入品の増加や多国籍企業の進出などで競争が激化すると、競争に負けた国内産業は衰退し、労働者の賃金の低下や失業がもたらされる。

②投機資金の短期間での流入・流出によって、為替市場や株式市場が混乱し、経済に悪影響を与える。

③他国の企業の進出や、投資家による投資によって、国内で得られた利益が国外へと流出する。

グローバリゼーションは、現在進行形のものなので、否定論がかなり具体的に細分化されていることに気が付きます。論自体が、急速に、しかも強力に拡大していく現状を追いかけるのに精一杯で、弊害が一番目につきやすいということなのでしょう。ではそれをどうしたらよいのか、という解決策まではまだ遠いようです。一方で、肯定論の方は、確かに理論的には正しそうなのですが、現実にはこの通りにはなっていないものが多いようです。それはなぜかというと、(4)の「ナショナリズム」の問題があるからです。

つまり、グローバリゼーションは世界を一元化する力の拡大ですから、地域の多様なあり方とは対立すると考えられます。それまでの世界はローカルな多元社会だったわけですが、それが一元化されることで摩擦が生じます。一元化を「固有の文化の希薄化」ととらえれば、当然それを阻止して独自性を保とうとする動きが出てきます。この動きを「ナショナリズム」と呼び、「グローバリゼーション」と「ナショナリズム」の対立関係によって、政治的分野、特に国際社会の紛争の原因を説明しようとするものがあります。こうした考え方では、特に「グローバリゼーション」を「アメリカナイゼーション」ととらえます。しかし、筆者が「アメリカと言っても実体がない」と言っているのと同じで、「ナショナリズム」もまた自分たちの国家の独自性を具体的に考えているわけではなく、単に「アメリカではない自分たち」という程度の「反《アンチ》アメリカ」でしかありません。どちらも実体がないのですから、結局は「文化の希薄化」は防ぎようがありません。

一方で、(1)〜(3)の肯定論が実社会ではなかなか現実化していかないのも、依然として「国家」という枠組みが堅固なため、国家間の利害が衝突して、反「グローバリゼーション」の方向に押し戻されるからです。

このように、「グローバリゼーション」は「ナショナリズム」を希薄化させるとか、「ナショナリズム」が「グローバリゼーション」を阻む、という構図がよく出され、この二つは「コインの表裏」のように切っても切れない関係だとも言われています。

これに対して、この二つは対立関係ではなく、実は根本的にはほぼ同じものだという論もあります。こうした論では、「国際社会」と「国家」、「個人」の関係の現実が述べられていきます。

「ナショナル」と「グローバル」の最大の相違は、国家には主権があるが、国家を超える権力は存在しないという点にある。実際にはコインの表裏であるはずの両者だが、権力の問題に限っては、明確な相違があるのだ。
ところが問題は、こうした権力の問題でも、やはり国家とグローバリゼーションは共犯関係にあるということである。
（小熊英二「グローバリゼーションの光と影」）

「個人」は「グローバリゼーション」に権利を侵害された時に、「ナショナリズム」によって国家がそれを回復してくれると期待するが、実は国家自体が国際競争力の強化を求めて「グローバリゼーション」を推進する側にいるという論で、この両者を単純に対立関係でとらえるのは無意味だと言っているのです。

「グローバリゼーション」を論じた文章の読解では、まず(1)〜(4)のうちどれにあてはまるか考えると文脈を整理しやすいでしょう。また、こうした評論の今後の方向として、着目して置きたいポイントがあります。一つは、「国家、ネーションの利害（エゴ）」の問題と「国家、民族、集団のアイデンティティ」の問題がどのように区別されているか。もう一つは、「個人の自由」と「集団への帰属意識（義務や拘束を伴う）」をどのように調整できるかということです。これらは、「グローバリゼーション」について今後解決していかなければならない課題ですから、それをどう論じるのかという視点を持っていたいものです。

5 「グローバリゼーション」論の読み方

多木浩二⑤

「グローバリゼーション」の評論では、まず肯定論否定論のどちらなのかをつかみましょう。その上でどのような事例によってメリットデメリットを述べているのか整理します。デメリットが述べられている場合は、その解決策の有無を確認した上で、結論としてどのような締めくくり方をしているのか読み取ります。メリットの場合は、筆者が今後どのようにグローバリゼーションを進めていくべきだと考えているのかを確認します。次のようなアルゴリズム表に沿うと考えやすいでしょう。

「世界中がハンバーガー」を当てはめてみると、

①〈キーワード〉＝「アメリカナイゼーション」
②〈具体的事例〉＝「ファースト・フード（のチェーン）」
　筆者の姿勢・・否定
③〈メリット〉
④〈デメリット〉＝「ネーション固有の文化の希薄化」
⑤〈結論〉＝「ファースト・フード」の世界への分散が世界中の都市を均質化し、それを無意識のうちに我々に浸透させていっている。

「グローバリゼーションの光と影」のように「グローバリゼーション」と「ナショナリズム」が「同じ現象の別側面だ」ということを論じているものも、当てはめることができます。

①〈キーワード〉＝「ナショナリズム」

②〈具体的事例〉＝「交通・通信技術の発達、文化の均質化、経済活動の領域拡大」

筆者の姿勢…「肯定否定という議論は不毛」→肯定否定両方に進む

③〈メリット〉＝（「グローバリズム」は）「ナショナリズム」の基盤となる。「グローバリゼーション」の多くは、国家を前提としている。（国家間の経済的段差が利益を生む。）

④〈デメリット〉＝国家には主権があるが、国家を超える権力は存在しないため、グローバリゼーションが国家の主権を侵害するとき、「ナショ

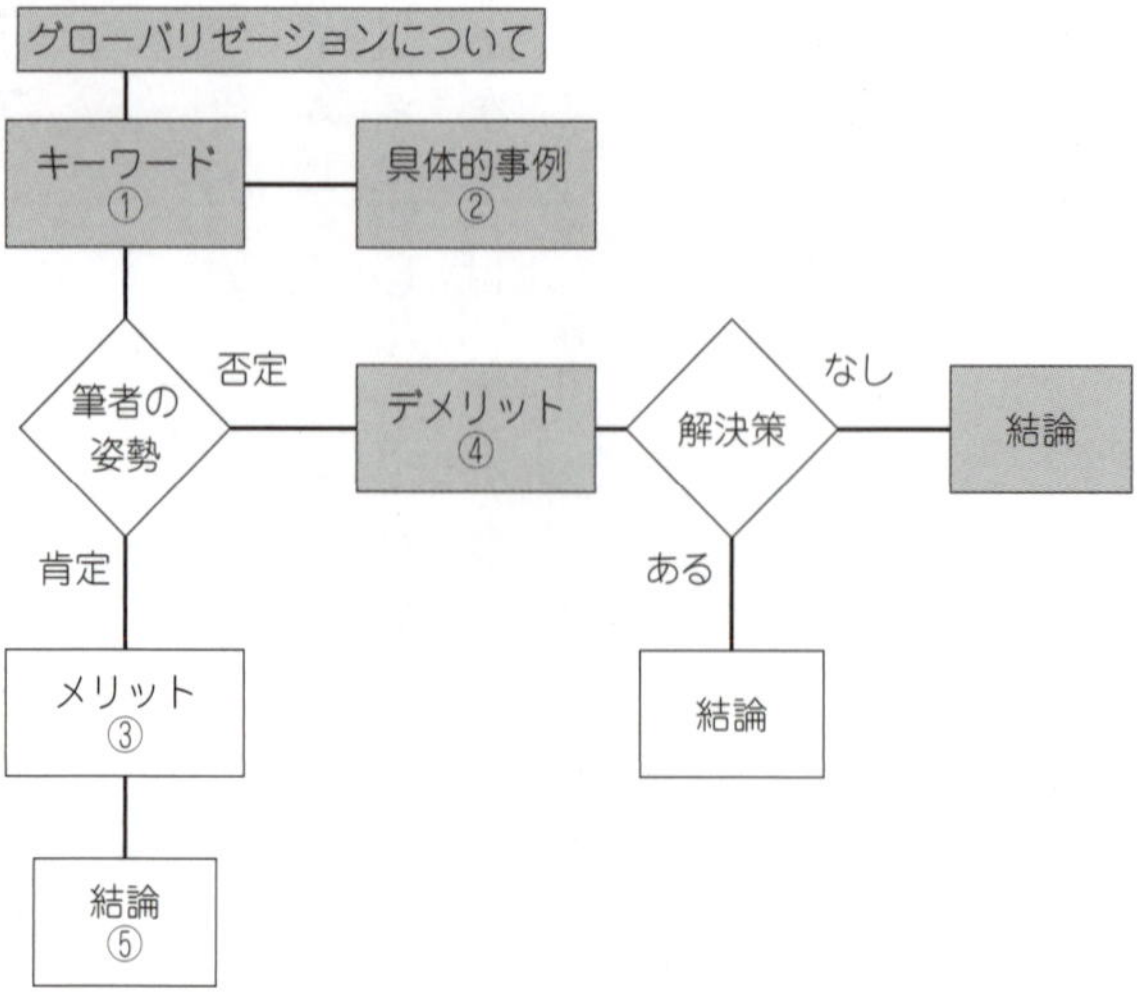

ナリズム」が対立項となる。

福祉政策をはじめとした、国家の再分配機能はグローバリゼーションによって失われる場合があるが、現実には国家はグローバリズムと共犯関係にある。

⑤〈結論〉＝「グローバリズム」「ナショナリズム」から国家という制度を考える場合、それらが共犯関係として並存している状況を把握すべきだ。

「グローバリゼーション論」の結論
①肯定論か否定論かを見極める。
②事例から、メリットデメリットを整理する。
③グローバリゼーションの今後の進め方について、どのように結論づけているか確認する。

1 「メディア論」とは？

黒崎政男①

情報を伝達する場合での「メディア（媒体）」とは、受け手に向けて発信する際の仲立ちとなるものを指しています。したがって「メディア論」とは、情報の伝達経路や方法、情報の量や質などについて考察し、発信側と受け手側との関係、社会への影響などを論じている文章のことです。現在のようにインターネットなどが発達した社会を「高度情報化社会」とか「デジタル社会」などと言っていますが、このような状況になったのは二十年ほど前なのです。誰もがインターネットを自由に使ったり、当たり前のように携帯電話を持ったりできるようになってからは、まだ十数年ほどです。ですから、一言で「メディア論」と言っても、二十年前と現在とでは、論じる対象そのものが異なります。

パーソナルコンピューターやインターネットが高度に発達して、それらと人間との関係を論じるようになる前は、「メディア論」と言えば、「マスメディア論」が中心でした。マスメディアとは、テレビ（ラジオ）、新聞雑誌など、本来報道に関わる巨大な媒体を指します。その他に、映画や音楽、出版業界が含まれることもあります。新聞やテレビは、一度に何十万、何百万という受け手に対して情報を送ります。記事や番組の制作に経費をかけて、個人が知り得ないような情報を送るわけですから、送り手の方が優位に立ち、受け手に対してある権威を持ちます。しかも受け手は、一方的に情報を受け取るだけで、それに対して異を唱えたりすることはできません。ここに送り手と受け手の上下関係が生まれます。一方で、視聴率や販売部数が確保できなければ制作コストをまかなうことができませんから、放送会社や新聞社にとって情報は商品であり、そこにはいかに視聴者読者という消費者を他社よりも獲得するかという問題が生まれます。つまり、マスメディアにおいては、情報は「伝えるべき真実」と「売るべき商品」という、二つの面を持つことになります。また、巨大な情報の送り手という地位が、政治的な意味合いを帯びてくる場合もあります。このような性質から、「マスメディア論」は、マスメディア、特に新聞やテレビなどのマスコミに対して否定的な立場をとるものが少なくありません。たとえば、大手マスコミが情報源を独占し、新しい会社の参入が難しくなっているために、偏った情報しか流れないなどの問題が起こります。また取材競争が過熱し、関係者の人権が損なわれる場合もあります。事件が起こると、全体の真相がわからなくても、一部の情報をもとに報道が行われ、無実の関係者があたかも犯人であるかのように全国に伝えられるなどのトラブルは今も起こっています。またマスコミが権力と結びついて、権力者側に都合のいい情報しか流さない場合もあります。戦争などで、自国の正当性と敵国の危険性ばかりが強調されるのも、こうした政治的理由からです。

私たちはマスコミを通じて得る情報について、偏りや誤り、目に見えない意図が含まれていることを警戒しながら、マスメディアに対していかなければいけない、といった論が多く見られるのが「マスメディア論」です。インターネットが発達し、様々なツールを利用して情報が得られる現在でも、テレビや新聞（新聞をとっていなくても新聞のウェブサイトなどに掲載される情報）の役割は巨大だと言えますから、この種の「メディア論」にも目を配っておきたいものです。

さて、マスメディアによる情報伝達は一対多の構造を持っていました。これに対して、多対多が双方向に情報伝達を行える構造を持つのが、インターネットを介する「ネットワークメディア」と呼ばれるものです。掲示板や電子メールによるコミュニケーションから始まって、ブログやツィッター、フェイスブックなど、個人が情報をやりとりするためのツールは日々急激な進化を遂げています。メディアの進化が、個人や社会のあり方にどのような影響を与えているか、どのように対していけばよいかなどを論じるのが、高度情報化社会の「メディア論」になります。

また、パーソナルコンピューターやインターネットなどは「電子メディア」であるため、情報を乗せる媒体としての変質を論じるものもあります。電子メディアは、全ての情報を0と1で表されるデジタルな信号に変換して記録保存、送受信されます。電子信号を記録する磁気媒体の高密度化によって、保存スペースはどんどん小さくなっています。機械の処理速度も高速化が進んでいるため、一瞬で特定の情報の取り出しが可能です。黒崎政男氏は、二十数年前にパーソナルコンピューターの検索能力について、それまで哲学者にとってカント研究とは、カントの膨大な著作からある用語の使われ方と意味について検索することであり一生かけても終わらない作業の連続だったものが、一瞬で完了する作業に変わってしまったと述べています(「MS－DOSは思考の道具だ」)。パーソナルコンピュータの登場によって、哲学という学問そのもののあり方が大きく変容し、その上にどのような仕事を積み重ねていくのかということが重要になったと言っています。このようにメディアの変容によって、文化や学問のあり方がどう変わるのかということも「メディア論」の重要な要素となっています。

高度情報化社会の「メディア論」では、個々の情報関連ツールや社会的問題を表すテクニカルタームが出されることがあります。学校でも「情報」の授業などで学習するものが多いので、頭に入れておきましょう。その上で、**筆者がどのような問題点を挙げているのか、それに対してどのような姿勢をとっているのかを読み取る**ことが大切です。

【メディアと高度情報化社会に関するテクニカルタームの例】

デジタルデバイド　パソコンやインターネットなどの情報技術を使いこなせる者と使いこなせない者の間に生じる、待遇や貧富、機会の格差。個人間の格差の他に、国家間、地域間の格差を指す場合もある。

ツイッター　個人的な感想や出来事をリアルタイムで投稿するスタイルのブログサービスの一つ。「ミニブログ」とも呼ばれる。「フォロー」と呼ばれる機能で他のユーザを登録すると、そのユーザの発言を自分のページに表示させることが可能である。フォローすると相手側に通知されるが、ツイッターの文化はゆるく、知らない人でも気軽にフォローしてよいとされている。

ファイル共有ソフト　インターネットを介して不特定多数のコンピュータの間でファイルを共有するソフト。著作権侵害をはじめとする違法な情報流通の温床になっているとして非難の対象となっている。

SNS（ソーシャルネットワーキングサービス）コミュニティ型のウェブサイト。知り合い同士のコミュニケーション手段や場を提供したり、新たな人間関係を構築する場を提供する、会員制のサービスのこと。既存の参加者からの招待がないと参加できないシステムになっているサービスが多いが、最近では誰も自由に登録できるサービスも増えている。「フェイスブック」はこの一つ。「フェイスブック」は、本名で登録し、顔写真も当たり前のように公開するため、デフォルト設定である「全体に公開」が選択されたままであると、個人のプライベートな情報を誰もが知ることができるため、悪意を持った第三者から監視されるなどの危険性がある。

メディアリテラシー メディアを使いこなす能力。メディアの特性や利用方法を理解し、適切な手段で自分の考えを他者に伝達し、あるいは、メディアを流れる情報を取捨選択して活用する能力のこと。インターネットや携帯電話などの利用にまつわるトラブルや混乱も頻発するようになっているため、「情報セキュリティ」能力としての意味も含まれる。

携帯電話もインターネットも私たちの生活の中心をなしているとも言える情報ツールですから、それ自体を知らない人はいないでしょうが、社会から見た弊害や利点、解決すべき問題点をこれらの言葉から常識として身につけていると、筆者の考えを理解しやすいでしょう。

「メディア論」＝情報の伝達に関する社会論・文化論。急激な変化について、どのような問題点や利点を挙げているか読み取ろう。

2 フセンとマーカーで整理する「ネットが崩す公私の境」

黒崎政男②

この文章のキーワードは、「著者」という言葉です。「著者という権威」「著者性」などの言い換えも同じですね。第一、二段落では、「著者」と「読者」の関係を中心に論が進められますので、キーワード周辺の表現にマーカーで印をつけていきます。

さて、第一段落の冒頭に「著者と読者」の関係について、よくわからない表現が出てきます。ニーチェの「だれもが読むことができるという事態は、書くことばかりか、考えることまで腐敗させる。」という部分です。この「だれもが読む（＝読者になる）ことができる」という表現に対して、文章末は「だれもが著者になる時代」として、「いったい今度は何を腐敗させることになるのだろうか。」

という疑問形で結ばれています。つまり、冒頭と文章末では、「著者」と「読者」のあり方が変化しており、それによって何か問題点が結論として暗示されていると考えられます。ニーチェについて「グーテンベルクの活版印刷」が、筆者の述べたい変化については「インターネット」が時代を区切るものとして出てきますので、それぞれ「筆者と読者」についてどのように述べられているか読み取りましょう。

中国に後れ、ヨーロッパで印刷技術が開発されたのはルネサンス期で、羅針盤、火薬とともに「ルネサンス三大発明」とされています。グーテンベルクは活版印刷術を発明し、一四五五年に初めて旧約・新約聖書（ラテン

著者と読者
「だれもが読むことができるという事態は、書くことばかりか、考えることまで腐敗させる。」

〈グーテンベルクの活版印刷以前〉

人の思索を知るためには

メディア＝本

（修道院などで手で写本されるもの＝高価）

↓

・本のあるところまで出かけて行き、見せてもらう。
・同時代人なら、会いにいく、書簡のやりとりをする。

＝

自分が書かなくてもよい。
＝
自分が考える必要もない

＊人の思索を知るためには、自分もそれにふさわしい思索の深まりを持っていなければならない。

＝

「血をもって」全身全霊で書くべきものを持つ者同士しか、思索を共有することはできない。

少数の情報発信者と少数の情報受信者

↑

〈著者という権威〉の成立
→〈グーテンベルク以降〉
＝

〈グーテンベルクの活版印刷以降〉

メディア＝活版印刷

ある人の思索→大量複製し、普及することが可能になった。

〈著者性〉
活版印刷というメディアに乗ることができる権威
⇕
受け取るだけの者

（少数の情報発信者）
権威
↓（啓蒙・教化）
多数の情報受信者
｝上下関係

「著者」のあり方

著者の権威性の崩壊
上下構造の消失
誰でもが簡単に〈著者〉
になり得る構造

〈インターネットの発達〉

著者と読者の問題は
＝情報発信者と受信者
の問題は

混乱

を極めている。

一般の個人の発言
インターネットの持つ
力は圧倒的
利点＝不正をただすことが
ある。
弊害＝個人・コミュニティ・
企業を崩壊させること
もある。

「情報発信の総量」

メディア形態の技術的
制約によって決定され
る。

原因インターネットというメディアの特質
①情報の非物質性
②光速に近い検索能力

情報の総量を制限したり、
内容や質によって淘汰し
たりする力が働かない。

紙
情報量の過度な増加
＝情報の有用性の減少

〈発想〉と〈発表〉との
間の落差がほとんどない。

〈自我境界〉あいまい化
拡大化
＝自己と世界の〈短絡〉
公私の境が溶け落ちる

だれもが公表できる
という事態は、

公私の区別
＝社会の秩序・絆

を腐敗させる。

〈活版印刷〉というメディア
「考えることの腐敗」よりも
さらに深刻な事態。

語版）を印刷したことで知られています。それまでは写本でしか複製を作ることができなかったのですから、印刷システムの普及は、情報伝達の速さと量を飛躍的に向上させました。たった二巻の『グーテンベルク聖書』の値段は、当時の平均的な労働者の二年分の賃金にあたるほど高価なものでしたが、それでも一冊作るのに一年近くかかる写本に比べればはるかに安く、情報の大量複製が可能になる事業だったのです。（参考：伊東俊太郎『十二世紀ルネサンス』）

ニーチェはグーテンベルクから四百年も後の哲学者ですが、本が大量生産され、商品として誰もが気軽に手に入れられるようになった時代を批判しています。ニーチェが批判している時代を仮に〈グーテンベルク以降〉として考えてみましょう。

例えば、聖書に書いてあるキリスト教の真理、哲学思想など、先人の深い思索を知るには、〈グーテンベルク以前〉では、高価で時間のかかる写本を手に入れるか、教会や王族の書庫に特別の許可を得て閲覧に行くしかありませんでした。どちらにしても、他人の思索を知るためには、相応の代償を払ってもよいと思えるほど、自分自身も深い思索や経済力を持っていなければなりません。ニーチェが言うように、「血をもって」全身全霊で書く者同士でなければ、思索を共有することができませんでした。

ところが〈グーテンベルク以降〉、活版印刷と言うメディアによって、ある人の思索は大量複製され、広く普及することが可能になりました。たいした思索を持たない者でも、お金さえ払えば気軽に手に入れられるようになったのです。〈グーテンベルク以前〉は少数の「著者（情報発信者）」と少数の「読者（情報受信者）」しかいなかったものが、〈グーテンベルク以降〉、少数の「著者」が多数の

「読者」を啓蒙し教化するという関係に変化したというわけです。この変化によって、「読者」「著者」には権威がともなうようになり、「読者」との間に上下関係が生まれました。活版印刷というメディアに乗る情報を発信できる者と、それを受け取るだけの者という区別が生じたからです。

ニーチェの批判する〈グーテンベルク以降〉よりもさらに進んで、筆者は第二段落で〈インターネット〉が情報を媒介する現代について、「著者の権威性」は崩壊し、「著者と読者の問題は混乱を極めている」と述べています。なぜそのようなことが起こったのか。第三段落で筆者は、原因を〈インターネット〉というメディアの特質によるものと述べています。「情報の非物質性」「光速に近い検索能力」という特質のために、「情報発信の総量」に対する制限や淘汰が起こらないというのです。その結果〈インターネット〉の世界では、誰もが気軽に「発想」を「発表」できるようになり、その気軽さが人々の「プライベートとパブリックの境」に対する意識を消失させつつあるとしています。メディアの発達は、人々の心のあり方をも変質させるものであり、〈インターネット〉は、ニーチェが批判した「考えることの腐敗」よりもさらに深刻な事態を招いていると結論しているのです。

では、「考えることの腐敗」よりも深刻な「腐敗」とは何でしょうか。第四段落の「〈自我境界〉があいまい化、拡大」することという表現を手がかりにしましょう。「自我境界」というのは、自分と他人との区別、社会の一員としての自己像、といったものが分かるための自意識のことです。自分は誰なのか、他者の中で自分はどうふるまっているか、またはどうふるまえばいいか、など、人間として根源的な分別《ふんべつ》だと言います。「考えること」以前に、これがわかっていなければ、動物と同じだと言ってもよいでしょう。個人が自分の欲求や感情をどこまでも拡大し、他人の存在を考えようとしなくなる状態ですから、社会の秩序や絆というものは失われてしまいます。筆者は〈インターネット〉というメディアが普及した現代社会では、人々は膨大な情報の海に飲み込まれ、人間として一番重要な「自我境界＝公私の区別」を腐敗させつつあると述べているのです。

3 「デジタル社会」インターネットの功罪

黒崎政男③

パーソナルコンピュータやインターネットだけでなく、私たちは日常様々なデジタル機器に囲まれて生活し、その機器の技術は日々ものすごい勢いで進化しています。現代では、必要に迫られて何か新しい技術が生まれるのではなく、新しい技術が次々と世に出るのを追いかけるように、私たちの生活が変化していると言えるでしょう。生活形態の変化は私たちの心のあり方や、社会や他者に対する認識をも変容させています。それとどう向き合うべきかという問いに対し、筆者は「現在のデジタル化と社会の関係をめぐる変化は、あまりに急速で急激」であり、「考察はリアルタイム、あるいは、事態と同時進行的に行われなければならない（「大変動するコミュニケーション形態」）」と述べています。

デジタル社会とは、「情報のデジタル化＝情報の脱物質化」によって「情報発信の総量」に制限が不要となり、誰もが情報発信者になることができる社会だと筆者は述べていました。個人の発言は、それまでは社会全体に届かない無力なものでしたが、インターネット上では、時に社会全体に影響を与えるような力を持つようになりました。そのような強大な力を個人が持つ一方で、インターネットの手軽さがプライベートとパブリックの境目を溶かしているという事態が危険だと筆者は主張しています。自分の発言がどのような意味を持つのかということを考えられない個人が発する情報が、世界中をかけめぐり、何千何万という大衆に受信されるという状況に対して警告しているのです。ここで必要なのは、デジタル社会のメリットとデメリットを、その時々の状況の中で整理し、どのように対処していけばよいかということを考えることです。変容する個人のあり方に対しても、それを前提とした社会の結びつき方を模索することが、この分野の評論の正しい方向と言えるでしょう。

個人の発言と言っても、ネット上のオークションのように、これまでは流通経路に乗ることのなかった個人の品物が「商品」になるという、新しい商取引の可能性が開かれた例もあります。当然、リスクが伴うことを承知の上で、自己責任で利用しなければならないわけですが、そこにはデジタル社会に必要な、個人と社会との新しい向き合い方のモデルが出来上がっているとも言えるでしょう。インターネットというメディアによって広がるデジタル社会は、実はこれまで以上に〈公私の境〉に対する個人の意識が必要とされる社会なのです。

> さて、情報がデジタル化される、ということは、あらゆる情報が放棄されずに蓄積されるということでもある。デジタル社会を別の視点でとらえるならば、それはこれまで経験されたことがないほど強力な監視社会が成立するということでもある。
>
> （「大変動するコミュニケーション形態」）

「情報の総量」が無制限であるということは、インターネット上での個人の行動は全て記録として残るということでもあります。携帯電話の送受信記録、ネットで訪れたウェブサイトの記録、プロバイダーやネットショッピングで登録される個人情報や利用履歴だけではありません。今日あなたが通学にどの駅を何時何分に利用し、ICカードを使って駅の売店で何を買ったかなど、インターネットのシステムを利用しているポイントを通過するごとにその記録は蓄積されていくことになります。それらの蓄積された情報が、ある意図をもって検索された場合の危険について筆者は次のように述べています。

> だが、もっとも重要な変化は、現在形の監視から、蓄積された情報に〈さかのぼる〉監視が可能になったという点であろう。〈私〉のあらゆる行動、行為が電脳空間のここかしこにデータベースとして偏在していく。ほとんどは沈殿したまま沈黙しているが、何らかの意図でそれらを寄せ集めれば、〈私〉についての驚くほど膨大で詳細な情報が、瞬時に組み上がる。
>
> （「大変動するコミュニケーション形態」）

〈公私の境〉がますます不明確なものになってきているという事態は、個人の自我が社会を浸食して拡大していくだけでなく、逆に社会が個人のプライバシーをどこまでも浸食していくことを意味していると筆者は論じています。誕生日やクレジットカード番号などの情報だけでなく、個人の好みや思想傾向といったものまで追跡され得る社会とは、基本的な人権が侵されかねない社会です。このように。技術の進化は人間の生活を豊かにすると同時に、逆に人間の生活を破壊する一面を常に持っています。だからといって技術を拒否するのではなく、その危険性に常に注意を払いながら、コントロールしていくべきだと筆者は考えているのです。

4 テクノロジーの進化と人間

黒崎政男④

インターネットなどのメディアに限らず、新しい科学技術（テクノロジー）が登場すると必ずそれに対する否定論が展開されます。一九六〇年代後半、テレビが家庭に普及し、学校教育にもテレビが取り入れられるようになった時代に、テレビは子どもが情報に対して受け身になるとか、いわゆるテレビっ子はコミュニケーション能力や運動能力が劣るとかいう否定論が出されました。しかし、テレビはなくなったりはせず、現実はそれとは無関係に進んでいっています。インターネットや携帯電話などについても同じような道筋で否定論が展開されていま す。その時に問題になるのは「人間性」という言葉で表現されるものです。「人間性」とは、「人間らしさ」と言いかえてもいいでしょう。他の動物たちとも違う、もちろんモノでは代替できない、人間の本来の性質のことです。

例えば、次の文章は携帯電話の普及に対する否定論です。ここでは、人間は本来他者とのコミュニケーションの中で自己実現をし、自らを磨いていくものであるのに、携帯電話はその機会を奪い、人間同士のコミュニケーションを刹那《せつな》的で薄っぺらなものにしてしまったと言っています。そして、そのような他者との出会いの場においては、人は信頼関係を結ぶことができず自分の損失を最小限にくいとめようとすると述べ、それでは弱肉強食の動物の出会いと同じ次元に退化してしまっていると言うのです。

ＩＴは、コミュニケーションに加わる者の要件である空間的近接性と時間的永続性を決定的につきくずしてしまった。人々は「どこからでも」「いつでも」という利便性に魅惑される。魅惑されるあまり、ＩＴメディアの魔法の支配から自由になった状況でのつき合いを忘れてしまった。

（正高信男『ケータイを持ったサル』）

このように**「本来、人間とは○○なものであるのに、テクノロジーはその○○を壊してしまう。」**というパターンで、様々なテクノロジー否定論が展開されていきます。

電子メディアのもっとも端的な危険は、発信者が勝つにせよ受信者が勝つにせよ、そこでは精神の能動性と受動性が対立的に二分されてしまうことにある。悲観的な将来像を描けば、そのことがやがて人間を二種類に分割し、テレビの前に居座る怠惰な「カウチ・ポテト族」と、視野の狭い「インターネットおたく族」を生む恐れさえあるといえる。（中略）人間の精神は能動性と受動性が均衡をとり、自由な意識がそのなかに揺らぎを含んだときに創造的になるものだからである。

（山崎正和『文明の構図』）

右の「カウチ・ポテト族」という語の意味がわかりますか？　ソファでポテトチップを食べながら、テレビやビデオを見て過ごすライフスタイルを表現しているのですが、今では死語となってしまった言葉です。なぜ死語になってしまったのでしょう。そういったライフスタイルがなくなってしまったからではなく、逆に当たり前のありふれた生活場面になってしまったからです。レンタルビデオ店で借りたＤＶＤを楽しむという時間の過ごし方が、わざわざ特別な名前をつけるほどのものではなくなってしまったということです。しかも、そのようなスタイルは人間の生活の一部でしかないのに、全てのような言い方で一面的に決めつけているように見えます。これらの評論が「古い」感じがするのは、インターネットや電子メディア、先進テクノロジーの分野では、他の分野に比べ進化と生活への浸透がとても速いからなのです。書かれた当時は先進的な論でも、それを現実がすぐに追い越してしまうため、否定論ほど陳腐化が早く進むと言ってよいでしょう。確かに、「テクノロジーは、（本来の）その〇〇を壊してしまう」ものです。しかし、その「本来」という時間が、どれほど前からのものなのか考えてみる必要があります。

人は、生まれ育ったような環境こそが、自然であり、成人した後に出てきた新たなテクノロジーに違和感を抱く存在。（中略）我々はテクノロジーに関して、最初は言いしれぬ衝撃を覚え拒否するが、時間が過ぎると、それがあたかも太古の昔からあったかのごとくに、使いこなし受け入れていく。それが人間の人間たるゆえんだ。
自分の反発する感情が一時的なものなのか、根本的なところを突いているかはなかなか判断しにくい。
（黒崎政男『デジタルを哲学する』）

新しい「テクノロジー」は間違いなく人間の生活や精神のあり方を変化させます。その変化前の姿を、これこそが「人間らしさ」だったのに失われてしまったと感情的に結論するのでは、テクノロジーを捨てて昔に帰れということにしかなりません。大切なのは、変化後の姿について、人々に恩恵を与えているのはどのようなことか、逆に弊害となっているのはどのようなことかを、一つ一つの事柄について具体的に検討し、それに対する解決策を求めようとすることです。若い世代であるあなた自身にこそ、これらの評論を乗り越えてほしいものです。この分野は、小論文の題材にもとられやすいですから、「こんなふうにすればよくなるのではないか」と考えながら読み進めていくようにしましょう。

5 「メディア論」の読み方

黒崎政男⑤

インターネットなど「メディア論」の論じられ方は、人工知能や遺伝子工学、臓器移植、クローン技術など様々なテクノロジーを論じる場合にも当てはめることができます。

読解では、まず取り上げられている技術について、⑴特質と、⑵その技術によって人間の生活や心のあり方がどう変わったと言われているかを整理しましょう。その上で「変化」について筆者がどういう立場を取っているのか判断します。それまであった大事な何かが失われてしまった、人間の社会や心は悪くなっているというのであれば否定論だと考えます。そして、筆者の論は論として、それは本当に人間全てに当てはまることなのか考えてみましょう。例えば、「情報をただ受動的に消費しているだけだ」という否定論なら、情報を受信した人々が積極的な行動をしたり、再発信したりしている場面はないのか、そこ

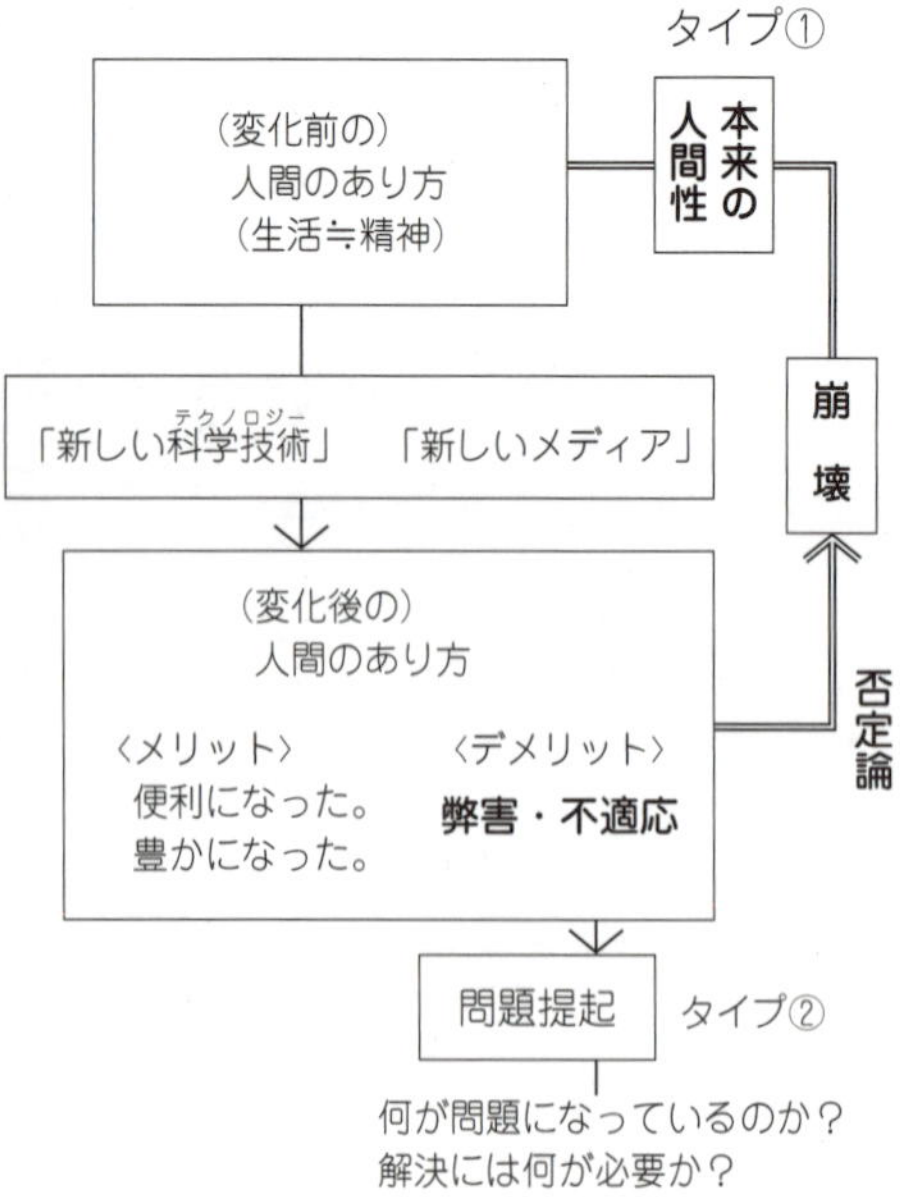

に新しい可能性はないのかということを考えてみます。筆者の論を否定するためではなく、自分なりの評論への取り組みができますし、思考のトレーニングにもなります。

次に、否定論ではなく、ある問題点をあげて「こういう危険性があるからなんとかしなければいけないよ」という論じ方であれば、「どうすればいいのか」を筆者と一緒になって考えてみましょう。やり方としては、メリットをはっきりさせ、それを活かすためにはどうしたらいいかという方向で考えるとよいでしょう。

「メディア論」「テクノロジー論」は、急激な現在進行形の問題を扱っている評論ですから、文章の中で筆者の結論が完結するとは限りません。時には、筆者より若いあなたの方が、柔軟に問題点をとらえることができる場合もあるのです。小論文でまとめるとしたら、ということをいつも考えながら、読解を進めていくようにしましょう。

「メディア論」や「テクノロジー論」の結論

(1)新しいメディア（テクノロジー）**→どのような特質を持つか。**

(2)(1)によって何が変わったか。

タイプ①（否定論）**…変化のデメリットを強調する。**

＝「それまでの人間の生活や精神の崩壊」

＝「本来の人間性の崩壊」

タイプ②

…メリットとデメリットを整理している。

デメリットを解決すべき問題点としている。

＊問題点に対する解決策を考えながら読み進めることが大切。

1 「情報学」からコミュニケーション論へ

西垣　通①

「情報」とは、ある事柄についての内容や様子を知らせる知識のことで、軍事用語「情況報告」の略語だという説もあります。判断を下したり行動を起こしたりするためには、相手側つまり自分を取り巻く環境が今どうなっているのかという知識が必要になります。

しかし、今日ではひとくちに「情報」と言っても、様々なものがそこに含まれるようになりました。山の向こうの村がどうなっているのかという程度の知識を「情報」と呼べば十分だった大昔とは違い、今では世界全体がどうなっているかが「情報」の中身となっています。様々な情報をどのように取り出し、再構成するかということを研究する「情報工学」の分野や、情報を効率的に扱うための「情報技術」の分野が「情報」の拡大を担っています。一方で、情報の伝達には媒体《メディア》がいつもついてまわるので、「情報技術」と人間との関係について、社会学的に論じる「メディア論」も生まれました。多木浩二氏や黒崎政男氏の評論で見たように、「インターネット」というメディアによって、社会がどのように変わったかといったことについて論じたものがそれです。

科学技術の進歩によって、現代では宇宙についての情報やナノ単位のミクロの世界の情報、遺伝子情報など、日常の生活レベルではうかがい知ることもできないような情報まで扱うことができるようになりました。こうなると「情報」には、個人の判断や行動のための知識というだけでなく、個人の意識とは無関係に存在する知識も含まれることになります。そこで、人間が操作する対象として「情報」をとらえるのとは別のとらえ方が必要になってきます。それが「意味作用」からのとらえ方です。個人は膨大な「情報」の中にあってそれを取捨選択しているわけではなく、個人にとってある結果をもたらしたと意識されるもの、「意味作用」を持ったものが「情報」だとする考え方です。

人間にとって「意味作用」がもたらされる場と言えば、多くの場合「社会」であり、そこでのやりとりは「コミュニケーション」と呼ばれます。そのため、「情報」を「意味作用」から考えるということは、「コミュニケーション」とは何かについて考えることから始まります。西垣通氏の「情報学」では、「コミュニケーション」による「情報伝達」について論じながら、個人の心のあり方や、個人と社会の関係について言及しています。まだ新しい学問分野でもあるため、従来の「コミュニケーション論」と比較しながら読んでいくとよいでしょう。

【情報学、コミュニケーションについてのテクニカルタームの例】

しぐさ　手や足や舌、姿勢や表情を使って、なんらかの意図を相手に伝えたり、自分の心情を表現したりする動作のこと。対人コミュニケーションは、言語と非言語を使って行われ、しぐさは非言語によって行われるコミュニケーションと言える。相手の心理を理解したり、自分の情報を相手に解りやすく伝える上で重要な意味を持つが、その意味は環境によって変わる。

人工知能（Artificial Intelligence, AI）コンピュータに人間と同様の知能を実現させようという試み、あるいはそのための一連の基礎技術をさす。情報の伝達や処理の方法について、人間と機械はどう違うかということを論じる際に話題とされることが多い。

フレーム問題 人工知能における重要な難問の一つで、有限の情報処理能力しかないロボットには、現実に起こりうる問題全てに対処することができないことを示すものである。人間は複雑な状況から問題点だけを抽出し、最短の解決方法を模索することができるが、機械にはできないという相違を表す。

サイバネティックス（cybernetics）通信工学と制御工学を融合し、生理学、機械工学、システム工学を統一的に扱うことを意図して作られた学問。自動制御学（SF的に電脳工学と訳される場合もある）ともいう。

認知心理学 情報処理の観点から生体の認知活動を研究する学問。知覚・理解・記憶・思考・学習・推論・問題解決など人間の高次認知機能を研究対象とし、脳科学、神経科学、神経心理学、情報科学、言語学、人工知能、計算機科学などとの関わりあいの中で認知科学と呼ばれる事もある。心理学の手法だけではなく、コンピュータの処理モデルを構築する事や、それを用いて人の認知モデルを再検証する事等も含む。最近では、意識や感情、感性といった問題にも取り組むようになってきている。

機械と人間の違いを明らかにしながら、人間の思考や知能とは何か、個人と社会を形成するものは何かということについて見渡そうとするのが「情報学」であり、そこでの情報伝達を論じるのが、コミュニケーション論と考えればよいでしょう。

「情報学」＝人間はどのように情報を扱っているかを考える。
↓情報伝達とは何か。コミュニケーションはどのようなものか。

2 フセンとマーカーで整理する「『情報伝達』という神話」

西垣　通②

題名になっている「情報伝達」をキーワードとして、「情報」という言葉や、「情報を伝える」ことについて述べている部分にマーカーで線を引いていきましょう。すると、「二十一世紀の新しい情報学」と「情報は伝わらない」という表現が気になりますね。「情報伝達」を論じている文章なのになぜ「情報は伝わらない」のでしょうか。それまで述べられていた「情報伝達」とは違うものを筆者は述べようとしており、それまでの「情報伝達」は「神話」だと言って否定しているようです。では、それまでの「情報伝達」について述べている部分と、筆者の言おうとしている新しい「情報伝達」を述べている部分が対比できるように、フセンの色を分けて書き抜いていくことにします。

まず「情報伝達」について考えるときには、〝情報の送り手と受け手の間でやりとりされる情報の中身（＝「意味内容」）に着目して考える〟という前提を確認します。

従来の考え方では、「意味内容」はいくつかの小包になって、送り手から受け手に送られるものだとされています。「小包」という考え方は、情報通信の「パケット」という単位からの連想で生まれたものです。あなたの携帯電話の利用明細を見ると必ず「パケット」という量が表示されていますね。インターネット上では、情報は、ある大きさのデジタル信号に分割され、それが全体のどの部分にあたるかという記号と送受信元のデータ

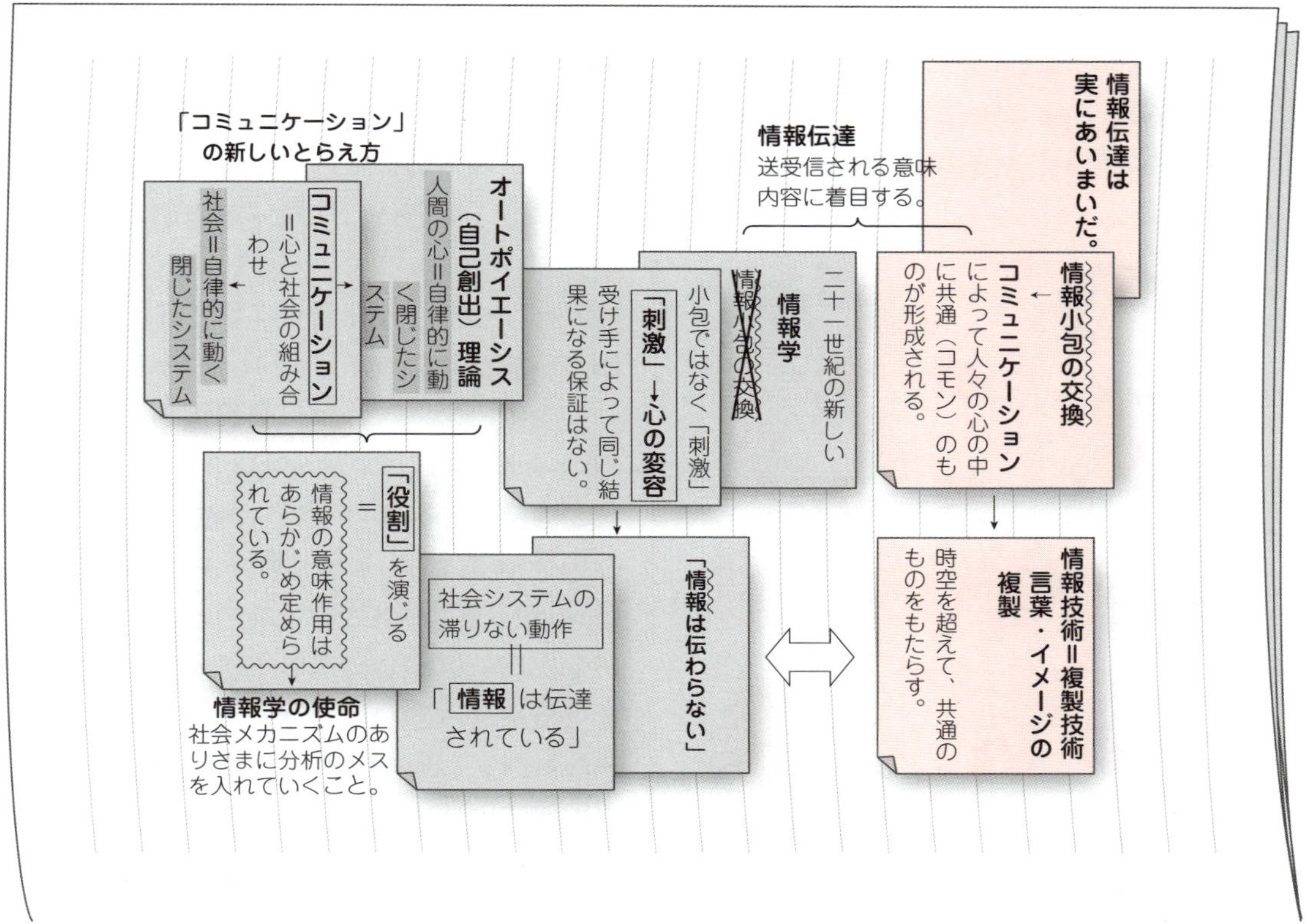

情報伝達は実にあいまいだ。
情報伝達
送受信される意味内容に着目する。
情報小包の交換
↓
コミュニケーション
によって人々の心の中に共通（コモン）のものが形成される。
情報技術＝複製技術
言葉・イメージの複製
時空を超えて、共通のものをもたらす。
二十一世紀の新しい
情報学
情報小包の交換
小包ではなく「刺激」
「刺激」→心の変容
受け手によって同じ結果になる保証はない。
「情報は伝わらない」
「コミュニケーション」の新しいとらえ方
オートポイエーシス（自己創出）理論
人間の心＝自律的に動く閉じたシステム
コミュニケーション
＝心と社会の組み合わせ
社会＝自律的に動く閉じたシステム
「役割」を演じる
＝
情報の意味作用はあらかじめ定められている。
社会システムの滞りない動作
＝
「情報は伝達されている」
情報学の使命
社会メカニズムのありさまに分析のメスを入れていくこと。

を付け加えられて、次々に運ばれていきます。大きな荷物をいくつかの小包に分けて送り出し、それを受け手側が順番通りに開封し組み立てるというイメージです。人と人とのコミュニケーションも、一つのイメージが分解され、言葉やしぐさになって次々に相手に向けて送られていき、それを受け取った人が頭の中でそれらを組み立て再構成することで、送り手が伝えたかったイメージを自分の中に再現することができるという考え方です。送り手の頭の中にあったイメージがオリジナル（原本）ですから、それが伝達されるということは、受け手の中でコピー（複製）ができたということになります。「情報技術」が「複製技術」だというのは、オリジナルを直接運んだり示したりしなくても、それが受け手の中に再構成されることで伝達が行われると考えるからです。

筆者は、この考え方の欠陥について、「二十一世紀の新しい情報学」の考え方を示しています。送り手から受け手に「情報小包」が送られてコピーができるなら、何かのイメージをFAX送信するように、全く同じイメー

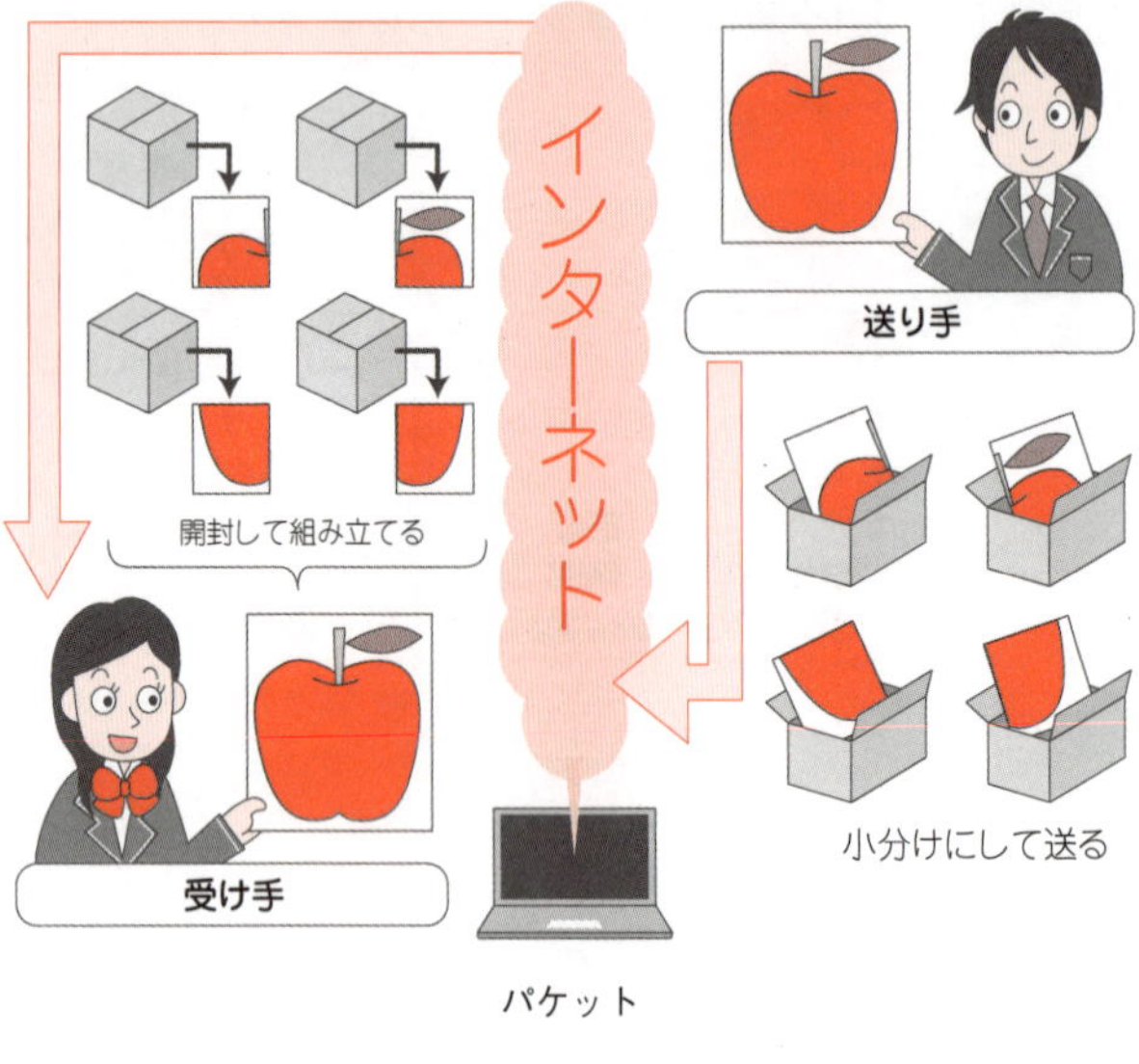

ジが再構成されるはずです。そのためには、ある言葉の伝える意味内容は百発百中同じでなければならないはずなのに、「嫌いよ。」が愛を伝えたり、送り手の意図とは違う意味を伝えるという誤解が起こったりします。それは「文脈による」ものではなく、「情報小包」の考え方がそもそも違っているからだと筆者は述べているのです。

ここで取り上げられるのは、「個人（個体）とその心」や「社会」についての「オートポイエーシス（自己創出）理論」によるとらえ方です。筆者は、人間の心は「自分の過去の経験に基づいて、言葉やイメージの意味を自分勝手に解釈」する「閉じたシステム」だと述べています。送り手から伝えられた言葉やイメージが「刺激」となって、受け手側の心のシステム内部に勝手な変化が起こるという考え方です。

例えば「街路樹の葉が色づいてきた」とい

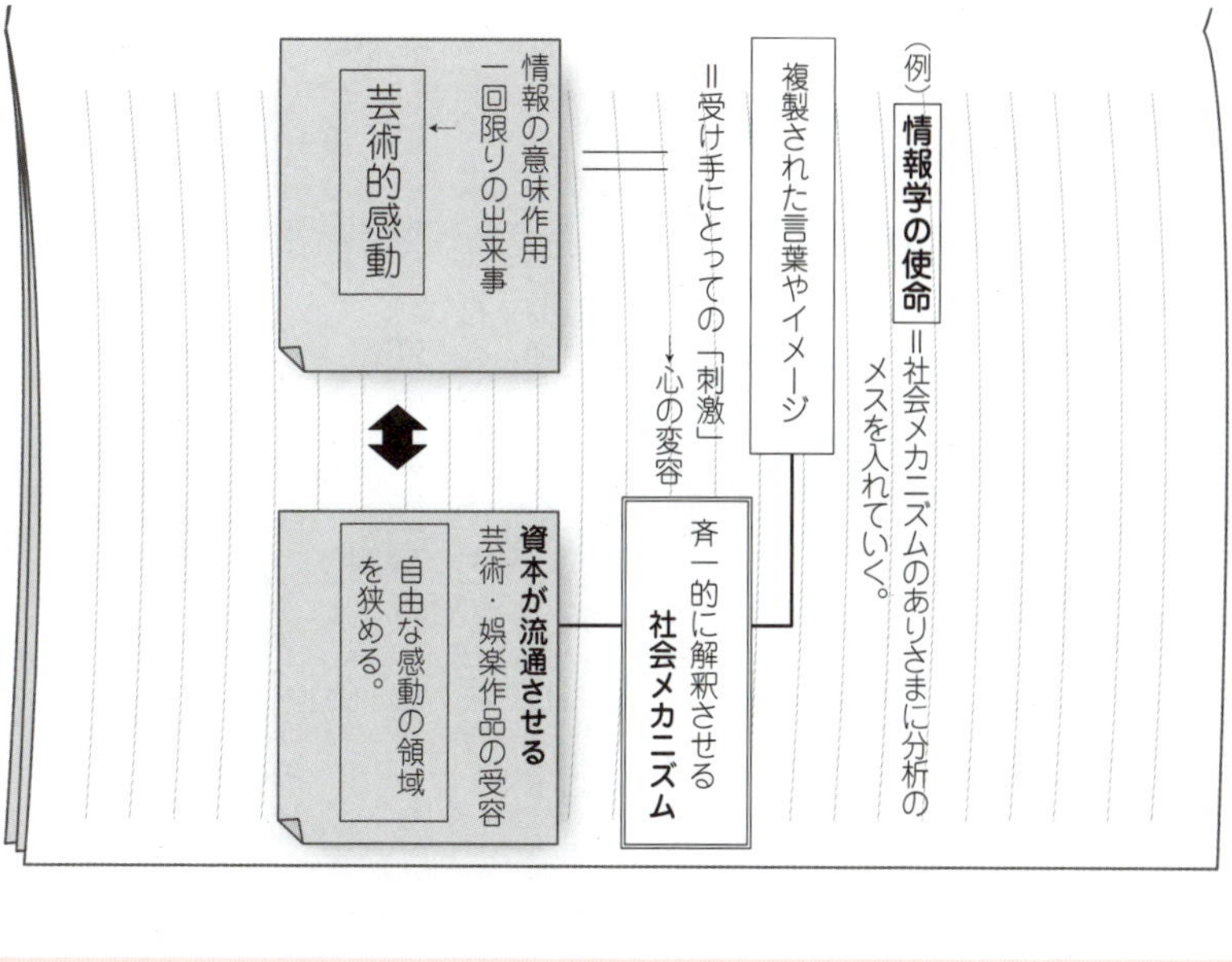

う言葉が伝えられた場合を考えてみましょう。コンピューターなら、「街路樹」の辞書的な意味や「紅葉」のメカニズム、そしてそれが秋という季節を表すものだという「情報」が入力保存されます。あるいは紅葉の名所の画像が保存されるかもしれません。人間の場合は、それまでにどのような「街路樹の紅葉」場面を経験してきたかによって心に浮かぶイメージや意味が異なるというのです。「街路樹の葉が色づいてきましたね」という会話は、「秋も深まったのだ」「去年の高尾の紅葉の赤」「銀杏並木の落ち葉掃き」「恋人の別れのシーン」といった無数のイメージを呼び起こすきっかけに過ぎず、話し手の伝えようとしているイメージとは無関係だということです。だから「情報は伝わらない」というのですね。

　このような前提の上で、筆者はコミュニケーションとは「社会」というシステムの中で、個人が「役割」を演じることだと定義しています。個人の心の中には、右のような勝手なイメージが次々に浮かんでは消えています。しかし、「社会」のそれぞれの場面には、その目的にふさわしい「情報の意味作用」が決められているので、個人もそれにふさわしい「役割」に応じた「意味」を選択することが求められるのです。右の会話が、ビジネスシーンの冒頭にあるなら、それは単なる季節の軽い挨拶で、場面をリラックスさせこれからの商談をスムーズに進めるために発せられているわけで、伝えられる「意味作用」は「どうぞよろしく」程度になります。これにふさわしいやりとりは「そうですね。朝晩冷えるようになりましたよね。」といった軽い挨拶を返すというものです。もしここで「いや、私の家の方では全く色づいていませんね。」とか、「そうなんですよ。昨日は家族で紅葉狩りに行きましてね、…」などと長話を展開するとしたら、場面の目的は達成されず、お互いの役割も壊れてしまいます。「なんだあいつは。空気の読めないやつだ。」となりますね。つまり、読み従うべき「空気」こそが定められた「情報の意味作用」なのです。「社会」では、お互いの役割にもとづいて、言葉が目的通りにやりとりされている状態を「情報は伝達されている」というわけです。

個人の心には、勝手なイメージが自己創出されている。社会では、その社会のシステムと目的に応じてコミュニケーションの形が定められている。心と社会はそれぞれ別に動いているもので、個人がコミュニケーションに参加する時だけ「役割」に合わせればよいという働きかたをしているものです。筆者は問題点として「人々に多様な役割を演じさせる諸制度」「複製された言葉やイメージを、だれでもどこでもいつでも斉一的に解釈させるメカニズム」を挙げ、それを分析していくことが情報学の使命だと述べています。

個人が「多様な役割」を演じれば、今その人がどんな「役割」を演じているのかが見えにくくなります。すると、その場面にふさわしい「意味作用」を確定させにくくなるため、適切なやりとりがしにくくなる、つまり「情報は伝達され」ないという事態が生じます。「斉一的に解釈させるメカニズム」とは、個人の心の中で起こる「刺激」と「変容」を一対一の対応に固定化してしまおうという働きのことです。例えば、「リンゴ」という「刺激」に対して起こる「変容」は、色だけでも「赤」「黄」「黄緑」など一対多の対応になります。ここに、大量生産大量消費から利益を上げるという「資本」の論理が入ってくると、赤いリンゴだけを大量に販売したほうがよいので、「リンゴ」＝「赤」という一対一対応のイメージを刷り込むメカニズムが必要になります。社会があるメカニズムを必要としたとき、本来伝達されないはずの「情報」がどのように固定化されたり、社会システムの中でどのように「意味作用」が規定されていくのか分析しようというのが筆者の立場なのです。

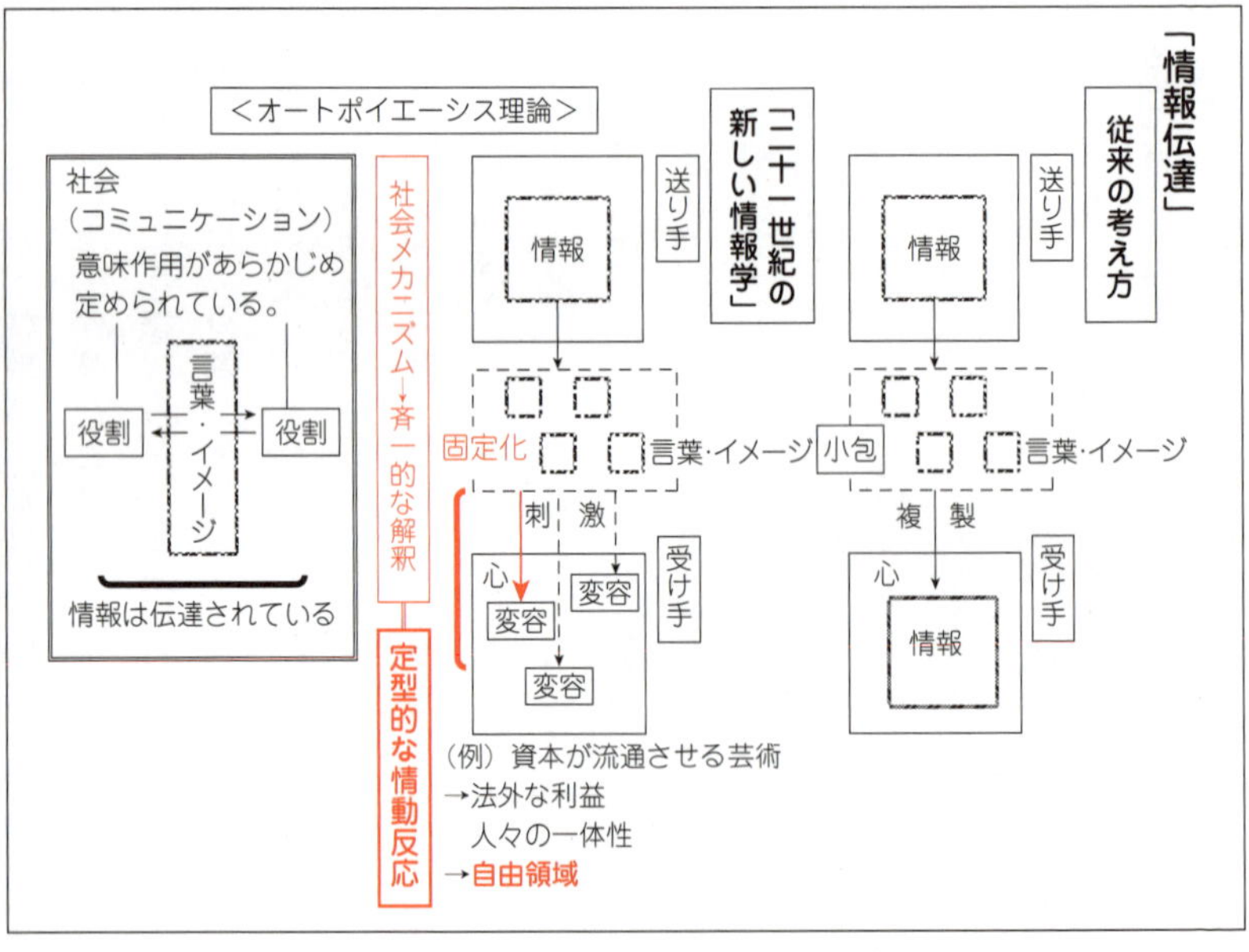

3 「情報」とは何か

西垣　通③

私たちは、情報を自分の外側にあるもの、ある事柄について知るための客観的な材料だと考えています。それを獲得するための技術さえあれば、昨日よりも今日の方が多くの情報を手に入れることができるというように考えています。本当にそうでしょうか。例えば、モンシロチョウはお互いの雌雄を、翅が反射する紫外線のパターンで見分けています。けれども人間は紫外線の波長を見分ける視覚器官を持っていません。とすれば、モンシロチョウの雌雄を見分ける「情報」は、人間にとっては価値がないということになります。つまり、その生物にとって「意味（価値）」のあるものだけが「情報」であり、世界にどんなにたくさんの事柄があっても、その生物に認知できないものは「情報」とはなりえないということです。

僕は、情報とは「それによって生物がパターンをつくりだすパターン」であると定義しています。つまりまず、情報とは物質やエネルギーとは違ってパターン、形だということ。それから、自己言及的な性格を持っているということです。

（「デジタル・ナルシス」西垣通研究室ウェブサイトより）

「パターン」は、思考や行動などの類型を指します。その生物が行動したり、物を認知したりするのにどのようなやり方をするのかといった、ある程度共通した方式と言い換えることができるでしょう。「自己言及的」とは、ここでは全て最終的には自分に戻ってくるということを言っています。つまり、筆者は、生物は、発生や遺伝を通じて蓄えられてきた歴史と、その個体が生まれてから蓄えてきた経験によって、自分をとりまく世界を解釈して生きていると説明しています。そしてその過去をもとにした解釈がまた情報として、循環的に自分の「過去」に追加されていくことを、「再帰的」または「自己言及的」と言っているのです。ですから、情報とは本来、個体という閉鎖系の中にあるもので、決して個体の外側にあるものではないというとらえ方です。

情報とは、その生物が自分をとりまく世界から読み取った「意味」であり、それは行動や思考、認知の次のパターンになってその生物の中に蓄積されるもの、ということができます。したがって情報は、本来伝達されるようなものではないということになります。

情報学では、「情報とは本来、生物と不可分の存在だ」という大前提から出発する。これは、「情報とはパソコンや携帯電話などの機械と一体のものだ」という世間の常識をブチ壊したいという、僕のささやかな願望の反映でもある。

（「網目のほころび」）

外側にある客観的なものと考えれば、情報は伝達と共有を前提とすることになり、それは何を媒体にして行われるのかというメディア論につながっていきます。閉鎖系の中にあるものと考えれば、心の中はどうなっているのかということや、情報伝達やコミュニケーションはどのようにして行われるのかということを論じる方向に進んでいきます。

オレとオマエが電話で話しこんでいるとき、二人の心中で何が去来しようと、電話のやりとりを眺めている第三者には知ったことではない。電話がつづいているかぎり「まぁ、うまく行ってんだろ」ということになる。二人はただ、当該社会システムにおいて、恋人という役割を演じているにすぎないのである。

ゆえに、「意味の共有」がコミュニケーションだとすれば、それを支えているのは当然、一種の「擬制（フィクショナルなメカニズム）」である。僕たちは社会のなかで生きている以上、この擬制を受け入れざるをえない。

（『網目のほころび』）

ここで注目したいのは、「恋人」という「擬制」によって「役割」を演じている最中でも、それぞれの心の中では、そのやりとりを刺激として無数の「心の変容」が起こっているということです。つまり、社会の中でどんな「役割」を演じさせられようと、心の自律的な動きが独立して行われていれば問題はないということになります。ところが、一人の人間はたくさんの「役割」によって拘束されており、しかもそれらの「役割」には統一性も一貫性もなく、ただ社会の機能に応じて複雑化しているため、社会の全貌を把握することができないという事態が生じるというのです。そうなると、個人は自分をとりまく世界を解釈することが難しくなり、心の自律的な動きにも支障が出てくる可能性があります。

これは耐え難い不安をひきおこす。そこで不安におののく哀れな僕たちに、現実の「像（イメージ）」を見せてくれるのがマスメディアなのである。それはかつて、社会（世界）を統一的に説明してくれた古代神話の代用品のようなものだ。
（「網目のほころび」）

〈社会の複雑化によって個人の「役割」が複雑化すると、そこから「意味」を取り出し蓄積するという心の自律性が失われる。すると全体像を把握するために、マスメディアが必要になる。しかし、マスメディアの見せてくれる「像（イメージ）」は一義的に作られているものなので「斉一的に解釈させるメカニズム」となって心の自律性や自由度をより拘束するものとして働いてしまう。〉筆者の考えをまとめるとこのようになります。つまり、個人には社会が全体としてどんな姿になっているかとらえることができなくなってしまったので、不安解消のために、マスメディアの示してくれる「社会」のイメージを必要とするようになってしまったということです。そのイメージは、真の全体像かどうかわからないし、意図的に作られたものかもしれません。しかし、個人は、「意味」を取り出す自由を捨てても、そのイメージを信じようとしてしまうと言っています。

同じ「メディア論」でも、情報を乗せて拡大する媒体の力が世界を一義的なものにするという外からの「メディア論」とは異なり、自律的な閉鎖系である心を維持するためにかえって一義的な像をマスメディアに求めてしまうという、内側からの「メディア論」と言えるでしょう。

4 コミュニケーション論とは

西垣　通④

社会における「意味」のやりとりについて論じたものを「コミュニケーション論」と呼びます。「意味」は言葉やしぐさに乗ってやりとりされるので、「コミュニケーション論」は多く「言語論」の分野で論じられてきました。一つの単語にもたくさんの意味があります。そのような多義的なものをやりとりしながら、どうして人間はそこから正しい「意味」を抽出することができるのだろうという疑問について、言語の面から分析しようとしたのです。「意味」の抽出には、言葉だけでなく、その場の状況とかしぐさとかいう非言語的なものも含まれていて、「場」の文脈に沿ってコミュニケーションは行われているのだというのが一般的な論の傾向と言えます。筆者が本文で、「言葉の意味は文脈で変化する」と述べているのがこの論にあたります。

「意味」の抽出や「解釈」の問題から、ヒトの「知能」について言及するものもあります。多くは「人工知能」とヒトとの比較によるものです。「意味」を創出するのが知能なのか、それともコミュニケーションの場において「意味」を成立させるものが知能なのかという議論です。コンピューターが無作為に言葉を並べた俳句に偶然「意味」が存在するとき、コンピューターには知能があるといってよいのかという問題です。(西垣氏の考え方では、「解釈」をするのが知能ということになります。このような考え方の違いも、情報をどこに置いて考えるかというとらえ方から生じていると言えます。)

> 知能というものはある存在者（人間やコンピュータ）そのものに内属している性質なのか（知能の実体論的把握）、それとも知能は他の存在者とのかかわりの場において成立する事態（知能の関係論的把握）なのだろうか。
>
> （黒崎政男『哲学者はアンドロイドの夢を見たか』）

この他に「意味」＝「情報」という観点からそれぞれの学問分野で、情報が果たす役割について論じたものがあります。たとえば、情報が市場経済に与える影響、メディアが世論や投票行動に与える影響、コンピューターネットワーク上での人間の行動や心理などもコミュニケーション論として論じられます。

これらとは別に、筆者は「コミュニケーションとは、社会で規格化された意味作用を役割に応じてやりとりすること」というように定義しました。「役割」は社会の機能に応じて細分化され、「する／しない」といった二者択一式のやりとりに枝分かれしていきます。

この考え方では、個人は独立したものではなく、社会という自律システムを構成するたくさんの要素の一部ということになります。個人と個人が何かをやりとりするのではなく、体中を血液が流れたりするのと同じように、コミュニケーションが行われることで社会システムが動いていくのだという考えです。個人の自我や意識、責任を絶対視するのではなく、全体の動きの調和からシステムを眺め直すことで、現代社会の問題点を解決する糸口になるのではないかという、社会システムを視野にいれたコミュニケーション論も、筆者は展開しています。

その一方で、個人の「心」は閉鎖系の自律システムの中で、環境世界を解釈しながら「意味作用」のパターンを蓄積していきます。そこでの個体間のやりとりは「意味作用」のやりとりではなく、「刺激」の受容と「意味作用の変容」になるので、これはコミュニケーション論からは外されることになります。

筆者の展開する「情報学」はまだ新しい学問分野なので、筆者以外の評論は出されていません。「コミュニケーション論」を読む場合には、「意味論」「メディア論」などのうちどの分野でのアプローチなのかを見極め、どのような情報が対象になっているかを確認するとよいでしょう。

5 「コミュニケーション論」の読み方

西垣　通⑤

前章で述べたように「コミュニケーション論」の論じられ方は、まず「情報」がどこにあると想定されているか、また「意味」のやりとりの場や媒体として何を取り上げているかによって確認することができます。多くの場合、「情報」は社会や世界など、個人の外にあるものと考えて論が進みます。

「意味」を乗せる媒体について論じているものは「メディア論」だと考えて、(1)メディアの特質と、それによって、(2)コミュニケーションのあり方がどのように変わったか、またその対処方法についての叙述があるかを整理しましょう。新しいメディアの登場は、たいていは、それまでの文化を壊すものとして論じられる傾向が強いのですが、最近ではそれを新しい社会のあり方に有効に利用していこうという論調のものも出てきています。

例えば、「ツィッター」のような新しい情報媒体が登場することによって、コミュニケーションのあり方や、社会のあり方がどう変化したか、などというものが「メディア論」です。政治家の「つぶやき」によって政治が身近に感じられたり、自分の発信したものがどう受容されるか即座に分かるので、新しい流行が生まれたりという変化があげられるでしょう。

「意味」の伝達方法について分析しているものは、「情報」がどのようなものだと定義しているか、また個人はどのようにして「情報」を取り込み、外部に向けて発信しているかということをまず整理しましょう。標準的な考え方では、個人が「情報」を受け取り、それを言語や、しぐさなどの非言語的なものに乗せて他人に伝えるというものです。言語やしぐさなどは多くの意味の可能性（多義性）を含んでいるにも関わらず、「情報」が大きく誤ることなく伝わるのは、そのやりとりの「場」の文脈を決める社会のルールがあるからだと考えられています。この社会のルールは、その社会の文化だと考えればよいでしょう。例えば「こたつでみかん」＝「冬の家族の団らん」のような暗黙の結びつきがたくさんある中で言葉やしぐさの意味を選び取るため、意味がぶれなくなるということです。あなたが日常使っている絵文字や顔文字の使い分けにも「文化」を探ることができるかもしれませんね。

筆者の「コミュニケーション」についての考え方も、これに似ているように見えますが、筆者の場合はそもそも「情報」は伝わらないという立脚点から始めていると言う点に注意しましょう。「情報」は個人の内側にあり、それは人類の発生から蓄積されてきたものやその個人が誕生以来蓄積してきたもので、他人とのやりとりはそこに加えられる刺激に過ぎないというものでした。

そのため「コミュニケーション」は、個人が社会である役割を演じることで社会システムが動いている状況を指しています。ですから筆者が「コミュニケーション」を論じる場合、「情報」のやりとりよりも、社会で個人が負わねばならない「役割」や、個人が多様に解釈できたはずのものを一義的に決めてしまおうとする社会システムの方に進んでいきます。

「コミュニケーション論」の結論

「情報」は個人の外側にある

①新しいメディア→どのような特質を持つか。

②コミュニケーションへの影響 → 今後の方向性に対する筆者の意見

③「意味」はどのようにして伝達されるか。

「情報」→ 個人 →（言葉・しぐさ）→ 他人

→社会のルール・文化

「情報」は個人の内側にある　〈筆者〉

情報は伝達されない

個人「情報」→（言葉・しぐさ）刺激→ 他人「情報」 変容

〈社会システム〉

個人（役割）→（ふさわしい言葉・しぐさ）→他人（役割）

＝円滑に動いている＝コミュニケーションが成立している

＝「情報」が伝達されている

1 時間を論じるということ

内山　節①

評論に限らず、私たちはよく時間について話したり考えたりします。「光陰矢の如し」とか「今を大切に生きよう。」といった話もよく耳にします。日常生活においても「時間がない」とか「時間の無駄だ」といった言葉がよく会話に登場します。それだけ人間が時間というものに関心を持つ一方で、時間を自分の意のままにならない、やっかいなものと感じているということでしょう。そういう思いを誰もが抱いている中で、時間を論じるということにはどのような意味があるのでしょうか。

時間を論じるには、まず時間とは何かということを明らかにし、それに対する人間のあり方を考えるというのが基本的な姿勢と言えます。時間は見ることも触ることもできません。それなのになぜ私たちは、時間が存在すると考えているのでしょうか。「時間が流れる」という言い方をしますが、時間はどこからどこに向けて流れているのでしょうか。「過去」とは何でしょうか。私たちが生きている「いま」とはいつのことでしょうか。そうしたもののとらえ方が違えば、人間の歴史や世界観そのもののとらえ方も違ってきます。ですから、古来哲学者たちは、時間をどのようにとらえるかということから出発して、この世界がどのようなルールに従って動いているのかを見極めていこうとしたのです。

私たちの日常の感覚としても、時間のとらえ方には大まかに言って二通りあります。一つには、同じ一時間でも、楽しい時間はあっという間に過ぎてしまったり、二時間にも三時間にも感じられるようなつらい時間だったりと、その時の感じ方によって伸び縮みする時間がありま す。その一方で、私たちが時計によって確認している、誰にでも共通の時間があります。前者は主観的、相対的な時間、後者は客観的な時間ということができ、私たちはこの二つの時間を混同することなく使い分けています。

また、自然界に循環する時間があります。鳥は、植物や昆虫の数が多くなる頃にひなが生まれるように、巣作りをし求愛活動をします。クマは厳しい冬が来る前から冬ごもりの栄養を蓄えます。これらは自然界の生き物にプログラムされた時間です。本川達雄氏の『ゾウの時間、ネズミの時間』によれば、生物の個体の生理学的反応速度が異なれば、主観的な時間の速さは異なると言われています。心拍速度が一八倍ある、ハツカネズミと象ではものを感じる速度も一八倍違うというのです。ほ乳類の心臓は一生の間に一五億回打ち、ハツカネズミの寿命二～三年もゾウの寿命七十年も、それぞれの生きた一生の長さとしては変わらないと言います。

このように多種多様な時間があり、それを人間は無意識に使い分けているのですが、この世界を説明するときには、いずれかの時間を選択しています。特に自然界に流れている時間と、近代化以降中心となった客観的時間とでは、それぞれに根ざした人間の生き方そのものを変えてしまうような相違があり、「自然と人工」「自然と近代」といった対比の中で取り扱われます。また過去の出来事についても、過去という時間が客観性を持っているとするか、解釈という操作を通じて振り返った時に過去は現れるものだとするかによって、「歴史」の扱い方も変わってくるでしょう。以下に様々な時間論として、時間のとらえ方をまとめましたが、評論では、時間をどのようなものとしてとらえ、それによって人間はどのように生きるべきだと言っているのかを見極めるようにしましょう。

【様々な時間論】

ニュートン　人間の意識や生活とは別個に、無限に続く時間が存在すると考え、それを「絶対時間」と呼んだ。時間に始まりはなく、宇宙は静的で時間は無限に続いていると考えた。

カント　世界を統一記述することに成功した物理学によって、時間を探求することができると考えた。ある時間t1とt2のどちらが先でどちらが後かという関係を人間は直観によって把握すると考え、その能力を感性と呼んだ。一方でt1とt2の間の客観的距離（時間の間隔）は、空間的な距離に置き換えて概念的に把握しなければ捕らえられないとし、この能力を「悟性」と呼んだ。つまり、時間は、空間において運動する物体の順序（位置）を基準にして構成されると考えたのである。

ベルクソン　客観的時間（物理学的時間）は、任意のt1とt2…といった実数無限の点から成る時間という線tで表される。本来見えないはずの時間を一本の線で表現することを、「時間の空間化」と呼んで、それは本来の時間そのものではないと指摘した。物理学的時間では線分上のt1とt2には何の関係もないが、我々は勝手にその上に過去↓現在↓未来という時間順序を重ねてしまっていると言う。時間は鐘がボン、ボン、ボ

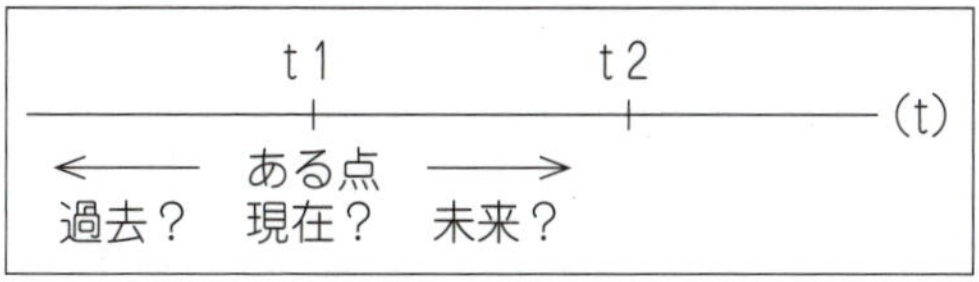

実数無限の点からなる
時間という線（t）

ンと鳴っているときの持続としてとらえられ、そこに何回鳴ったという数が内包され、それを数えることで意識化されると説いた。

バシュラール　ベルクソンが時間を純粋持続として捉えたのに対し、バシュラールは《瞬間の連続》だとした。我々が感じる時間現象は常に《現在》、言い換えれば瞬間でしかないからである。記憶にある瞬間瞬間と現在瞬間が比較される時、時間概念が誕生するわけである。またそこから、「瞬間瞬間をより高く深く生きる事が、よりよく時間を過ごす事となる」とするバシュラールの思想が開花する事になる。

フッサール　人間が「たった今〜を知覚した」瞬間を「第一次想起」とし、その「純粋知覚」を次の瞬間に「それは〜であった」と解釈することを「第二次想起」と呼んで、第一次想起を振り返り解釈する第二次想起の時点で時間が成立すると考えた。つまり、時間とは現在のある一点ではなく、一つ前の過去の時点を振り返るときに成立すると考えたのである。

大森荘蔵　人が過去を思い出すとき「過去の写し」を再現しているのだ」と考えがちなことに注目する。大森はそのような《写しとしての過去》という理解は錯覚だとした。過去は「想起という様式」で振り返られた時に初めて生まれるものであり、客観的な過去というものはあり得ないと考えた。

これらの時間論で対立しているのは、〈いま〉という瞬間はいつなのかということです。私たちが生きているこの一瞬一瞬を〈いま〉と考えることもできますが、普段そのように厳密な一瞬一瞬を意識することが現実にあるでしょうか。このような一瞬を〈いま〉とする考え方

新精選国語総合
完全攻略問題集

明治書院の教科書「新精選国語総合」に準拠した問題集。ガイドと併せて使うと効果的。／1,050円（本体1,000円）

高校生の国語総合
完全攻略問題集

明治書院の教科書「高校生の国語総合」に準拠した問題集。ガイドと併せて使うと効果的。／1,050円（本体1,000円）

新精選現代文
完全攻略問題集

明治書院の教科書「新精選現代文」に準拠した問題集。ガイドと併せて使うと効果的。／1,050円（本体1,000円）

新精選古典（古文編・漢文編）
完全攻略問題集

明治書院の教科書「新精選古典」に準拠した問題集。古典編と漢文編を1冊にまとめた。ガイドと併せて使うと効果的。／1,050円（本体1,000円）

平成24年度版

真珠書院

学習参考書
ラインナップ

高校生のためのホームページ

真珠書院　検索

は、物理学的な時間（線分で表される時間を、無数の点に区切る考え方）から出たもので、理論上はあっても、私たちが実際に感じることができないものだと言えます。むしろ、過去のある時点とは違った、幅を持った時間を〈いま〉と考えることの方が多いでしょう。「（さっきまでは本を読んでいたが）いまはパソコンに向かって仕事をしている」というように、〈いま〉は一つ前の過去と違う、過去を含んだ幅を持っているだろうということです。すると時間で大切なのは、現在よりも過去ということになります。

バシュラールのように一瞬を重視するのか、それともある幅を持った〈いま〉という時間を重視するのかによって、人間の生き方に対する考えも違ってくるはずです。

「時間論」＝時間とはどのようなものだと考えているか。
→その時間の中で人間はどう生きるべきだと言われているか。

2 フセンとマーカーで整理する「時間をめぐる衝突」

内山　節②

「時間」をキーワードにして、マーカーで線を引きながら読み進めていくと、「村に都市とはまるで違う時間がある」「質の異なる二つの時間が、融合することなく併存している」と言った表現にぶつかります。この文章では「二つの時間」が語られていること、また、題名から言って「二つの時間」は「衝突」するものであるらしいことがわかりますね。

では「二つの時間」は何と何か。すると「都市（型）の時間」という語が見つかりますから、「都市」と対比されていた「村」から「村の時間」と考えることができます。「都市の時間」と「村の時間」について説明している部分を二色のフセンで整理して対比していくことにしましょう。

「村の時間」は、筆者が暮らしている群馬県上野村での生活について述べている部分から抜き出すことができます。「過去の時間が消え去ることなく蓄積されていく」「時間の蓄積が、村に暮らす人間のあり方を『記憶』として伝えている」「（人間のあり方を＝）自然に支えられた無事な暮らし（を伝えている）」などから、「村の時間」は、自然と密着しており、蓄積されていくもので、「無事な暮らし」を伝えるものだと整理することができます。

一方「都市（型）の時間」は、筆者の東京での暮らしの部分から抜き出すことができます。「人間が時間を支配し、管理」する、「時

「時間」⇔時間…客観的時間

そのときの人間の営みを教えてくれる。

村の時間

過去の時間が消え去ることなく蓄積されていく自然と村の世界。

「記憶」や文化と結ばれた蓄積されていく時間 ← その地域の無事な暮らし

村では時間は蓄積されていくもの。

↓ 自然に支えられた無事な暮らしを「記憶」として伝えている。

この自然の時間の蓄積

太古の昔からの自然の営みが、土を作り、森を作り、変化に富んだ川の流れを作り出している。

村人たちの過去の営みの時間

畑や集落、道や水路、村の文化、助け合い支え合う村人の伝統を作り出していて、今日の村を守っている。

村を守ること
＝
村の時間世界を守ること

㊝ **破壊**

中東の自然とともに生きてきた、自分たちの営みの文化の記憶

都市型の時間

都市では人間が時間を支配し、管理していこうとする。

時間を効率よく消費していく

市場経済に主導された時間のあり方に振り回されてしまう。

都市 ＝ 時間を、経済的価値の生産のための手段に変えてしまった世界。時間は変化を促しながら消費されていくもの

現代文明

世界を均質の時間で管理し、「近代化」として肯定してきた。

自由・民主主義

戦争

自分たちと共通な時間やシステムを浸透させる。
＝
市場経済の拡大
管理しやすい世界システムの確立

その地域の社会改造が終了するまで戦争は続く

間を効率よく消費していく」「時間は経済価値の生産と結びついている」などから、「都市の時間」は、経済的価値の生産と密着しており、消費されていくもの、そして人間がそれに振り回されているものだと整理できます。

「二つの時間」の関係は、ただ「併存」するものではなく、村においても「都市（型）の時間」の流入が起こり、「都市の時間」が浸透することで「村の時間」が失われ、その結果「無事な暮らし」も喪失されていくと述べられています。つまり、経済価値の生産のために時間を消費する生き方が、自然と密着した文化の蓄積を破壊していくということを、この関係によって述べているわけです。

このように第一段落は、筆者が日常で体験している「二つの時間」を述べ、一方が他方を喪失させていく関係にあると述べていますす。筆者は「時間」について論じているのですが、結論として述べられている「喪失」される対象は、「村の時間」が蓄積したものとしての「文化」です。つまり、筆者は「都市」と「村」での人間の生き方の違いを述べ、最終的には「文化」の喪失という事態を、「時間」という観点から論じているわけです。

その地域の自然の形や、人々が造り受け継いできた事物、日々展開されていく人々の生活の様式というように、有形無形を問わず、文化は見たり触ったりできるものと考えられます。村の文化が喪失されるという過程は、個々の場面としては多種多様で、ばらばらに起こっているものです。例えば、「住宅開発で自然が破壊される」「過疎化が進んで共同体の結びつきが希薄になる」「住民の離農が進み、耕作地が荒廃する」「祭礼の担い手がいなくなる」といった変化として文化の喪失の過程を見ることができるでしょう。その原因となる都市の文化の流入の過程も、「都市近郊のベッドタウン化」「幹線道路の整備」「巨大ショッピングモールの進出と地元商店の衰退」というようにバラバラの事象としてとらえられます。こうしたバラバラの出来事のおおもとにある共通した性質は何か、「都市」「村」それぞれを比較できるような、単一の尺度は何か、というように筆者は考えたのです。そして「都市」と「村」を「消費」と「蓄積」という相違でとらえ、その対象を「時間」に絞り込むことで、個々のモノからではなく、単一の視点から論じることができたわけです。

「時間を消費する」文化と「時間を蓄積する」文化という対比では、前者が後者を「消費（＝破壊）」する方向に進むことは明らかでしょう。ですから、村の文化の「消費（＝破壊）」を防ぐためには、蓄積されたものを守るのではなく、「時間を蓄積する」というあり方そのもの、「村の時間世界」を守らなければならないという結論に達するのです。

第二段落では、「都市（型）の時間」が「村の時間世界」を破壊するという図式がさらに世界規模の言葉に置き換えられ、「現代の戦争」の原因として述べられていきます。「都市の時間」の流入とは「近代化」のことであり、個々の地域の「時間世界を破壊」していくグローバル化が戦争を生み続けるようになったと筆者は言います。

つまり、現代は、「二つの時間」の一方が他方を破壊していくことで、地域の多様な時間世界に支えられた「無事な世界」が喪失されていく時代だということです。そして現代の戦争は、その破壊と喪失を意図する側と抵抗する側との間に繰り広げられていると述べているのです。

さて「無事な世界」とは何でしょうか。この文章では「現代世界が問われていること」

として投げかけられたところで終わっていま
す。が、「村の時間世界」の特徴からある程
度考えることはできるでしょう。まず、「自
然に支えられた無事な世界」「中東の自然と
ともに生きてきた、自分たちの営みの文化の
記憶」「自然と人間が無事であり続けるため
には」といった表現に注目しましょう。これ
らの表現から、「村（その地域）の時間世界」
は、自然と人間とがともに生きてきた世界で
あり、自然も人間も無事であることができる
世界だと言うことができます。とすれば、そ
れと対立する「都市（型）の時間」世界、つ
まり近代の時間世界では自然と人間とはとも
に生きておらず、結果として「どうあらねば
ならないのか」問われているのですから、自
然も人間も無事でないという事態になってい
るのだと考えられます。なぜ自然も人間も無
事でないのか。「都市（型）の時間」世界は
「価値の生産」のために時間を「消費」して
いく世界でした。つまり、人間にとっての
「価値の生産」のために自然を消費していく
というのが、この世界の図式だということで
す。世界中を「近代化」することで自然を消
費し続けてきた結果、今、自然は無事でない
状態になり、人間もまた無事でいられなく
なっているというわけです。

「村の時間世界」での自然を消費するので
はなく蓄積していくあり方を、世界中から
「村の時間世界」が喪失されつつある現代に
おいて、もう一度構築していかなければ、自
然も人間も滅んでしまうのだということを筆
者は最後に暗示しているのです。

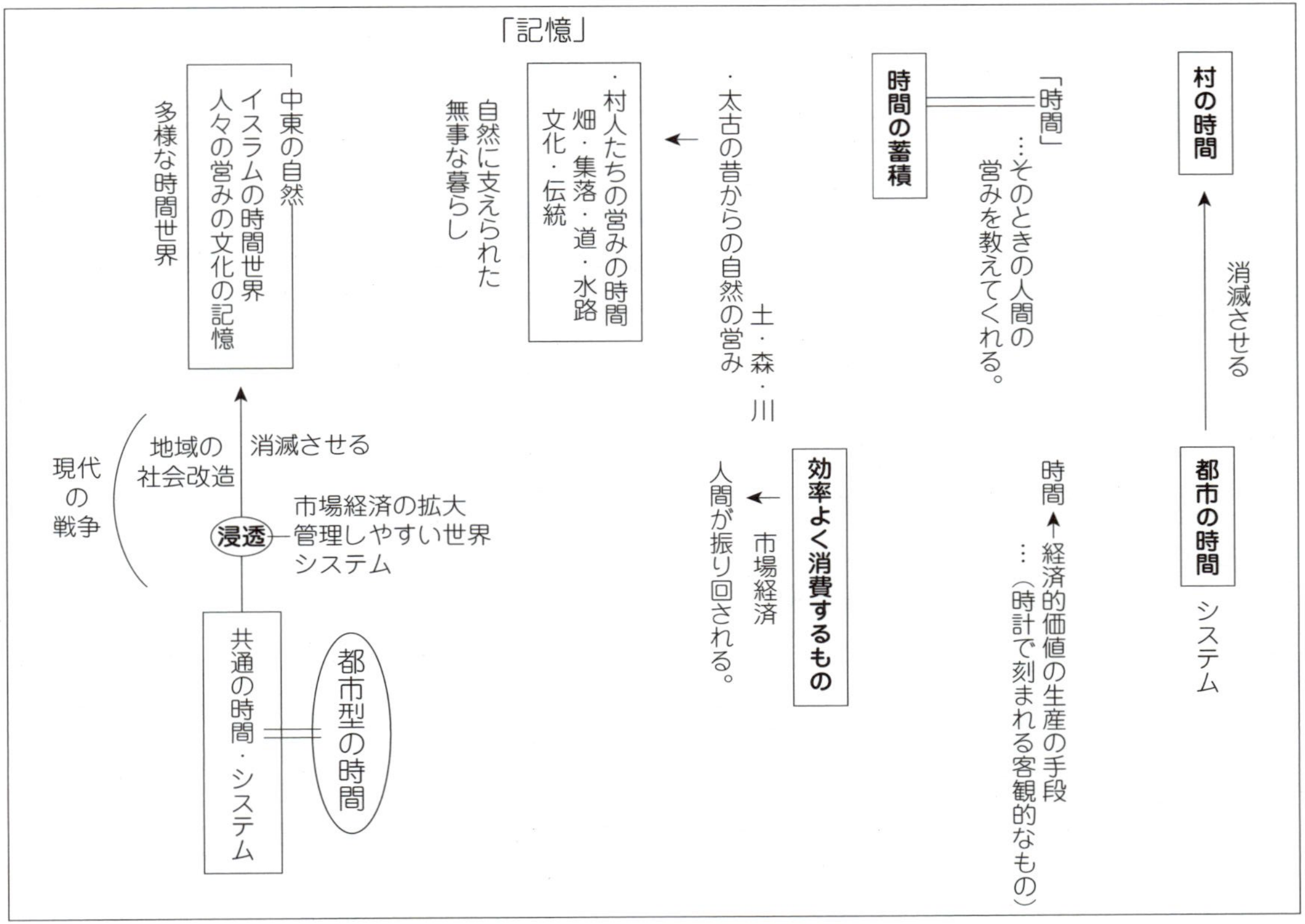

村の時間
消滅させる
都市の時間
システム
「時間」
…そのときの人間の営みを教えてくれる。
時間の蓄積
時間←経済的価値の生産の手段
…（時計で刻まれる客観的なもの）
・太古の昔からの自然の営み
土・森・川
効率よく消費するもの
市場経済
人間が振り回される。
「記憶」
・村人たちの営みの時間
畑・集落・道・水路
文化・伝統
自然に支えられた
無事な暮らし
中東の自然
イスラムの時間世界
人々の営みの文化の記憶
多様な時間世界
消滅させる
地域の
社会改造
現代の戦争
浸透
市場経済の拡大
管理しやすい世界
システム
共通の時間・システム
都市型の時間

3 「都市の時間」の矛盾を解決するには

内山　節③

産業革命以降の近代社会は、全てのものを客観的に計測する近代科学に支えられた社会でした。ですから、時間も客観的に計測できる物理学的時間が基準となりました。さて、物理学的時間はグラフなどでもわかるように、一本の線によって表現することができます。そしてこの線に過去から未来の時間を重ねるとき、時間は未来に向かって無限に伸びていくものというイメージが定着します。それは社会が未来に向かって無限に発展進歩していくものというイメージとなって拡大していくことになったのです。

筆者は一八世紀後半の「自然価値学説（重農主義経済学＝農業を経済の中心と考える経済学）」を、産業革命以降の経済思想と比較して次のように述べています。工業は、生産によって新しいものを生み出すが、その生産のために同量の消費が必要になっている。これに対して農業は自然の生産分だけ新しい富を生み、社会を豊かにする。「自然価値学説」においては、循環的に営まれる労働の社会と、自然の生産力を大事にする社会を形成することが人間の課題になる、と。

自然の時間は、季節の移り変わりでもわかるように、永遠に変わることのない時間の繰り返しが保証される時間です。自然と共にある人間の営みも、その自然の循環的な時間に沿っていくことになります。自然の循環的な変化にしたがって行われる人間の労働によって、自然の生産が行われ、社会的富を増やしていくというのが「村の時間」のあり方と言えます。これに対して、近代社会の時間イメージが無限の発展進歩イメージでとらえられ、世界中に拡大していった「都市の時間」の思想には、矛盾が含まれていたことを指摘しています。

> 労働によって経済は無限に拡大できると考える「拡大系の経済学」だったのである。そして人々は、この無限の拡大をとげる経済の先に、人間の未来をみようとしていた。しかし、もし経済が無限に拡大できるとするなら、自然もまた無限に利用可能なものでなければならないだろう。こうして、無限の自然の搾取《さくしゅ》がはじまった。
>
> （『自由論』）

自然は有限のものであったにもかかわらず無限に搾取できるものと考えたことが、「都市の時間」の矛盾点でした。ある地域の「村の時間世界」を破壊し「都市の時間」を浸透させることで、自然を消費して拡大再生産するというシステムを動かしても、いつかはその地域の自然が枯渇《こかつ》し、消費することができなくなるという限界点にぶつかります。限界点にぶつかると新天地を求めて世界中に拡大していくことで、「都市の時間」世界のシステムの維持をはかってきたのです。その動きが「現代の戦争」の原因となったことは前章の内容にも出てきました。しかしそれよりも、「村の時間世界」を消滅させながら消費と拡大再生産のシステムで世界を統一したあげくに、消費すべき自然がすっかり枯渇してしまったら、人間はどこへいけばよいのでしょうか。

こうした大問題がつきつけられているにもかかわらず、「都市の時間」は相変わらず新天地を求め続け、消費すべき自然を深海や南極大陸、宇宙にまで拡大しようとしています。一方で、様々な環境問題に対して自然を守らなければならないという議論もなされていますが、筆者はそこに「村の時間世界」を再創造していく必要性を説いています。

①自然を守る主体は、地域主権を軸にして形成されなければならない。
②人間が自然を利用しながらも守る方法は、その地域の人々がもっている技と知恵の中にある。
③自然と人間が無事な関係を維持していくには、歴史の継承、あるいは伝統の継承という課題がある。

近代社会では、地域的な考え方よりも、広い地域で通用する普遍的な考え方のほうが価値があるとされてきた。知恵や技よりも、知識や技術のほうが大事にされた。そして歴史の継承よりも歴史の発達を重要視してきた。ところが、このような近代的価値基準のいずれもが、自然に対しては対立的だったのである。

（参考「自然と人間の関係をとおして考える」）

一度失われてしまった異質な世界を「再創造」していくのはとても困難なことです。しかし筆者は、「村の時間」の蓄積に「記憶」をたどることが可能だと考えています。

歴史は、過ぎ去るばかりでなく、保存され、蓄積されていくという一面をもっている。そして、私たちは、歴史の記憶とともに生きている。その歴史の記憶には、世界史や日本史といった記憶だけではなく、地域の歴史の記憶やわが家の記憶、自分の半生の記憶もある。そのようなさまざまな記憶を多層的にもちながら、その記憶に照らして価値判断をし、自分の歩む道を決める。

（『「里」という思想』）

歴史の記憶は様々な伝統的な道具や建築などのモノに保存されており、それに接することで、知識とは別の「身体の記憶」が私たちの中に残され、過去を記憶することになると述べています。そして、その過去の記憶が、それ以降の私たちの判断に影響を与えるようになるというのです。パソコンや携帯電話など便利なモノに囲まれ、近代的価値基準で生きてきた私たちは、モノに保存された記憶を「身体の記憶」として取り出す能力も弱くなっており、歴史という時間軸を感じ取る力も失いつつあると言われています。しかし、近代的価値基準が押し進めてきた世界に矛盾と限界が見えてきた現代において、もう一度その力を養うことが必要になってきています。多層的な記憶を自分の中に蓄積していこうとすること、地域や自らの生活の記憶を蓄積していくことで地域の時間世界を再創造していけるのではないか、というように筆者は模索していくのです。

4 価値の蓄積という時間論へ

内山　節④

筆者の時間のとらえ方を見ていると、「蓄積」あるいは「消費」という言葉で言い表されているように、時間がある幅をもって経過した結果、見えない時間の代わりに、目に見えるモノが量の変化という形をとって現れてくるという見方をしていることがわかります。つまり、時間の経過は、モノの量の変化に換算されてとらえられるという見方です。

第1節で見てきた様々な時間論では、時間をとらえるときの対象として「過去」や「現在」を取り扱っていました。今眼前に現れては次々に過去に押し流されていく、「現在」という点の連続として時間をとらえるとらえ方や、何かを知覚した時点からそれを認識する時点までの幅を時間とするとらえ方、あるエピソードについてそれがどのようなものであったかという解釈が行われた時点で「過去」という時間が現れるとするとらえ方などがありましたが、これらに共通するのは、時間とある出来事をどのように認識するのかという問題で、心の中に現れてくるイメージをその対象と考えている点です。

これらの時間論に比べると、筆者の時間論はより具体的で、実際のモノにこだわっているように見えます。また、現在よりも過去の蓄積の方に、時間論の重点が置かれているようにも見えます。このような時間をモノに換算する考え方には、筆者の労働や価値の生産に対するこだわりが反映されていると考えられます。

> もちろん十九世紀の工場でも、一日十時間、十二時間といった時間の拘束は行われている。ところがそのころまでの工場は、時間の拘束はあっても、仕事内容は職人的であり、労働者は賃金と引き換えに、職人的な仕事をすることが求められていた。それが、二十世紀の技術革新によって、職人的な腕を必要としない工場が生まれ、何時間働いたのかだけが、労働の価値基準になっていった。このことが、時間を価値基準にした経済社会を作り出したのである。
>
> （『自由論』）

時間と価値の生産との関係を定義したものに、マルクスの『資本論』があります。マルクスは「商品の価値は、その生産に費やされる社会的に平均的な労働量によって決まる」としました。「労働量」とはそれにかかった時間のことです。この場合、商品の価値とは生産原価にあたり、販売価値に含まれていく使用価値は除外されます。例えば、Aさんは一日八時間労働をしてシャツを一着作り、Bさんは一日八時間労働をしてシャツを七着作るとします。すると社会全体では、十六時間の労働からシャツが八着生産されたことになるので、シャツ一着は二時間労働分の価値を持つことになります。そこでAさんは二時間分の賃金を、Bさんは十四時間分の賃金

商品－使用価値＝自然物＋労働
（自然物＋労働＝労働生産物）

1日8h　1着シャツ　A
1日8h　7　〃　B
（A・B）社会全体　8着　16h
↓
1着＝2h労働分の価値

Aは2h分
Bは14h分
を得る。

〔商品の価値はその生産に費される社会的に平均的な労働によって決まる。〕

を得ることになります。シャツ一着は二時間という時間に換算されるわけですが、これをひっくり返せば、AさんBさんの八時間という時間は、そこに蓄積されたモノの価値によって二時間分であったり十四時間分であったりするので、客観的な時間の長さではなく、シャツというモノによって蓄積された価値に換算されているということになります。

しかし、AさんもBさんも自動シャツ製造機械でシャツを生産することになり、その機械が一日八着それぞれシャツを作るとすれば、十六時間の労働でシャツ十六着ですから、シャツ一着が一時間労働分の価値を持ち、二人はそれぞれ八時間分の賃金を得ることになります。機械によって労働の価値が均質化されればされるほど、労働は自分の時間を切り売りするだけのものになっていきます。

筆者が労働の観点から時間を考える時に着目しているのは、時間の経過はそこで生み出された価値の量によってはかることができるという点です。それも、どのくらいの時間が経過したのかということではなく、その時間にどのくらいの価値が生み出されたかということに重点を置いています。資本主義経済のシステムが働いている「都市の時間」の中では、その価値は賃金に換算されるので、時間は賃金を得るために消費するものと位置づけられます。しかし、その価値を多様なモノの蓄積としてとらえれば、時間の長さや質も多様なものになっていきます。

筆者が「村の時間」としてとらえているのは、村で時間が経過する間に蓄積される多様なモノや価値です。循環的に巡る時間の中で自然が造り出す土や森や川の流れであったり、村人達が造った畑や集落や道であったり、共同体の行事であったりと、それぞれのモノには村を支える価値が存在し、それぞれに関わる村人たちの多様な時間が蓄積されています。山菜を採りながら山道の下草を刈り木に絡《から》んだ蔓《つる》をはらうというように、多様な営みが村の自然や共同体の価値を作り出します。そしてそれを代々継承していくことで、その蓄積は村の「歴史」として、村のあり方を後世に伝えるものとなっていくのです。

筆者は、時間を蓄積された価値の形や量によって測っていますが、その時間は「都市の時間」のように物理的時間を基準とした単一のものではなく、むしろ時間の中に多様な価値を取り込むことで、多様な時間のあり方を人の生きる空間に見出そうとしているのです。それは、人間の労働が近代とそれ以前とで大きく変容したことと対応しており、人間にとって労働が多様な価値を持った時代の時間を取り戻そうとしているとも言えるでしょう。

おそらく、時間をもっと合理的に管理すれば、余裕という自由も生まれてくるだろうと考える発想は、根本のところで間違っているのであろう。そうではなく、物を作り出していくプロセスや、それを手に入れるプロセスなどに、時間を超越した価値を見いだせる社会こそが、人間的な余裕を生み出すのである。

（『自由論』）

おそらく私たちは、資本主義を根本から問い直さなければならない時代にたたされているのである。人間労働の危機と資本主義の危機が同時に進行する時代のなかで、この課題が私たちの前に提出されている。

（「挫折と危機のなかで」）

5 「時間論」の読み方

内山　節⑤

「時間」を扱った評論では、まずその時間がどのような尺度ではかられているかを見きわめましょう。また、「過去」「現在」「未来」「〈いま〉という一瞬」など、その時間のどの部分に焦点を当てているのかということも重要な要素となります。文章中で挙げられている時間の例によっても、提示される時間のとらえ方が決まってくるので注意しましょう。

時間をはかる尺度

①客観的時間（物理学的時間、時計で計測できる時間）
②客観的とは言えないが外界の変化によってとらえられる時間（自然の移り変わり、歴史的な出来事や事物）
③主観的時間（自分が体感する様々な長さの時間）

事例としてあげられるもの

○動物の時間（遺伝子にプログラムされた動物固有の時間から生まれる世界観）
○宇宙の時間（ビッグバンや膨張宇宙論、相対性理論などこれまでとは違う時間）
○各宗教に固有の時間（キリスト教の天地創造から終末論までの世界観、仏教の輪廻思想や無常観など）

時間は本来多様なとらえ方をすべきものです。人間は様々な時間の中で自分たちが生きることについて思いを巡らせて来ました。織田信長が「人間《じんかん》五十年、化天《げてん》の内をくらぶれば夢幻のごとくなり」（幸若舞「敦盛」）と謡ったのも、人間の一生も仏教界の天の時間の中ではわずか一日の長さだというように、自らの生を相対的にとらえるためでした。人の一生は有限ですが、その自分が生きている時間を活かすも殺すも自分次第だというような、時間に対する自由度と責任を思い出すことが現代社会では求められています。

「時間論」読解のポイント

①時間をはかるものさしは何か　②時間のどの部分を扱っているか

「時間論」の結論

⑴現代社会の問題点を解決する別の尺度の提示
↓客観的な時間と科学万能主義、資本主義の限界

⑵人間の時間とは違う尺度の提示
↓動物の時間、宇宙の時間、宗教などとの対比
人間の現在持っている価値観に対する問題提起

⑶日常生活の時間間隔とは異なる尺度の提示
↓「現在」「〈いま〉」を大切にする生き方の提示

1 経済を論じる視点

岩井克人①

現代文の評論では、経済について論じる場合でも、時事問題としての経済について論じるというよりは、経済学での考え方や経済問題の根底にある社会原理を論じている文章が示されます。教科としての「現代文」と「政治経済」との違いということもありますが、経済学での評論の目的「お金を生み出す」こととは別に、思考方法を読み取る文章が扱われることになるからです。

さて、岩井克人氏は、現代社会を動かしている経済システムである「資本主義」について、どう考えればよいかということを論じています。特に、私たちが当たり前のものとして使用している「貨幣」や「情報」といったものの本質を解き明かすことで、現代社会における「資本主義」の様子を説明しています。その中でも岩井氏が「貨幣」「情報」といったものに着目するのは、それらが「実体を持たない」モノであるにもかかわらず、私たちの関係を「媒介」するものとして働いているからと考えられます。

「貨幣」は、モノそのものとしては、安価な金属や紙切れに過ぎません。モノそのものとしての価値がないのに、価値のあるものと交換することができたり、モノとの交換だけでなく、「貨幣」自体が所有の対象になったりしています。原価百円ほどの紙切れがなぜ一万円としての価値を持つのでしょうか。それは「人々が貨幣を貨幣として受け取る」ことによって成立しているＳ述べています。また、「高度情報社会」と言われる現代社会では、インターネットやメディアを通じて行き交う「情報」が商品としての価値を持ったり、利益を生んだりしています。これら「貨幣」や「情報」といった「実体を持たない」モノが私たちの社会では利潤を生み出すものとして機能しているわけです。岩井氏はそこに、進化した人間の社会システムを見出し、それを解明しようとしているのです。

人間はお互い同士の直接的な関係によって社会を形成するのではありません。（中略）貨幣を媒介としなければ交換関係を形成できません。社会的な生物としての「人間の本性」には、それゆえ、人間と人間とを関係づける「媒介」としての言語や法や貨幣が必須の存在として含まれているのです。

（『遺伝子解読の不安』）

ですから、これらの経済学的な評論文では、経済システムを動かしている要素として、具体的に何を取り上げているかということに着目して読み進めていきましょう。

また、「実体を持たない」モノが「媒介」としてもたらす価値について説明される際には、具体例が挙げられます。以下に示す、基本的な知識があるとより理解しやすいです。

【現代社会の経済問題を表すテクニカルタームの例】

サブプライムローン　低所得者層や多重債務を負っているなど、信用力の低い個人を対象にした住宅融資。通常融資より審査基準が甘く、最初の二年程度は低金利で固定しているが、以降に大幅に金利が上がる仕組みになっている商品が多く、債務破綻する危険性は当初から高かった。そのため、米住宅価格の上昇が止まり、借り換えに失敗して返済に行き詰まる事例が増加した。金融機関はサブプライムローンを買い取って証券化し、機関投資家などに販売してきたが、これらの証券化商品の価格は急落。銀行などは評価損や売却損の計上を余儀なくされた。この影響は世界的な株価の下落と不況につながった。

インフレ 物価が上昇しつづける現象のこと。通貨の発行量が市場の必要量を上回ることで発生し、結果として通貨の価値が下落し、生産の阻害や貨幣に対する信頼の下落が起こる。需要が供給を上回ることによって起こる「需要インフレ」と、生産コストの上昇により引き起こされる「コストインフレ」などがある。

デフレ 物価が下がりつづける現象のこと。物価が下がるので、企業は減収となり業績が悪化し、多くの失業者を出すため不況につながる。物価が下落しても需要の上昇が見られず、さらにデフレを進行させる悪循環を「デフレスパイラル」という。

金融商品 金融機関が取り扱う、お金を殖やすことを目的とした商品。金融機関は個人や企業に金融商品を販売することで、資金を集める。各種の預金のほか、株式や投資信託、MMF、国債、金銭信託（ヒット）などがある。

東南アジア諸国連合（ASEAN） 現在加盟国が東南アジアのほぼ全域を占めている地域協力機構。経済や国際政治の場でも強い発言権を得ると予想される。関税の撤廃が進むと、人口約五億人の単一市場ができ、北米自由貿易協定（NAFTA）や欧州連合（EU）に匹敵するほどの市場になる。

ユーロ 一九九九年に発足した欧州連合（EU）単一通貨。通貨統合により、企業の通貨交換コストの節減や、旅行の簡便化、投資の増大などの波及効果が生まれた。

ネットバブル　一九九〇年代後半に発生。ＩＴ（情報技術）が経済全体の生産性を向上させるという考えが築かれ、その結果、アメリカを中心にＩＴ関連企業の株価がこぞって上昇した。

バブル景気　一九八五年、先進国五か国の大蔵大臣、中央銀行総裁の会議が開かれ、各国が外国為替市場で基軸通貨「ドル」に対して協調介入を行うことにより、ドル高を抑制し米国の貿易赤字を減らすことを目的とした合意「プラザ合意」がきっかけとなったとされる。急速な円高が進行したため、競争力の落ちた日本国内の輸出産業や、製造業の救済措置として、二年間で五回の公定歩合引き下げが行われた。一方、金融市場では、急激な円高によって米国債券などに投資していた資金に為替差損が発生したため、運用資金は為替リスクのない、国内市場に向けられた。その結果、株式市場では株価が上昇し、不動産市場では地価が上昇した。さらに、資産の増大が、個人・企業の含み益を増大させ、担保価値や資産価値が増大することで金融機関による融資も膨らみ、バブル景気が起こった。このバブル景気は、一九九〇年代に崩壊し、日本は長い景気低迷期に入った。

電子マネー　貨幣経済において、貨幣という物質のやりとりではなく、電子的なデータ（および通信→データ通信）によって決済する手法が、末端の小売レベルにまで推し進められた状態。

オンライン方式　金融機関、クレジットカード会社または電子マネーのサービス会社のホストコンピュータと、小売店等の決済用端末をオンラインで接続し、決済を行う方式。これはクレジットカード等と相似するため、既存インフラを参考にし、または流用しやすいメリットがある。

オフライン方式　金銭価値を電子化（情報機器や記憶媒体に置き換えること）して磁気カードやＩＣカードなどに収納し、小売店等の決済端末によりオフライン決済を行う方式。

仮想マネー方式　仮想クーポンとしてコンピュータネットワーク間取引だけで利用する方式。特にサービス会社のインターネット上のサーバーと、利用者のパソコンとの間で、ＩＤ及びパスワードなどにより管理された電子マネーをやり取りするものが主流。

①「経済学」＝現代社会を動かしている経済システムや原理を説明。
②「資本主義」のしくみ、価値を媒介する「貨幣」「情報」の本質を読み取ろう。
③具体的な経済の事例を理解するために、基礎知識をたくわえておこう。

2 フセンとマーカーで整理する「マルジャーナの知恵」

岩井克人②

冒頭から耳慣れない言葉が登場します。「ポスト産業資本主義」、産業資本主義以降の資本主義ということですが、それが「高度情報社会」「脱工業化社会」と同等のものとして扱われています。よくわからない言葉なので、まずフセンに書いておきます。

この「ポスト産業資本主義」という言葉は、「資本主義がその様相を急激に変貌させているという事実」と関連して述べられているようです。この文章は、「資本主義の変貌」について述べたいようですね。この部分にマーカーを引いて、同様の表現がないか探してみましょう。直後の文で、「すなわち」という「＝《イコール》」の働きをする接続詞が、「…モノを生産する産業から…『情報』そのものを商品化する産業へと、資本主義の中心が移動しつつある」という説明部分を示しています。これで、文章の主題「資本主義の変貌」が、「モノを生産する」形から「『情報』そのものを商品化する」形へと変わることで、それを「ポスト産業資本主義」と呼んでいるのだということがわかりました。

「『情報』そのものを商品化する」とはどういうことか、これがこの文章の一番重要な内容のようです。「情報」というキーワードを頼りに、マーカーで印をつけながら読み進めてみると、「マルジャーナの知恵」の話の後に、「情報」、「情報の商品化」という言葉が繰り返し出てきますね。キーワードの説明部分までマーカーを引き、キーワードを見出しにしてフセンに書き抜いていきましょう。すると、「『差異』こそ、情報の本質」「情報の商品化─差異の商品化と言い換えることができる」というように、「差異」という言葉が必ず含まれていることに気づきます。「差異」というのが、もう一つのキーワードのようです。今度は「差異」について書かれている部分に、違う色のマーカーを引いてみましょう。「差異」という言葉は、「情報」について述べている部分以外にも出て来ます。そして、「差異そのものを売ることによって利潤を得る」「差異から利潤を創り出す」「差異から利潤を生み出す」というように、ほとんど同じ表現が繰り返され、それは「資本主義の基本原理」だと述べられています。

このことを整理してみましょう。資

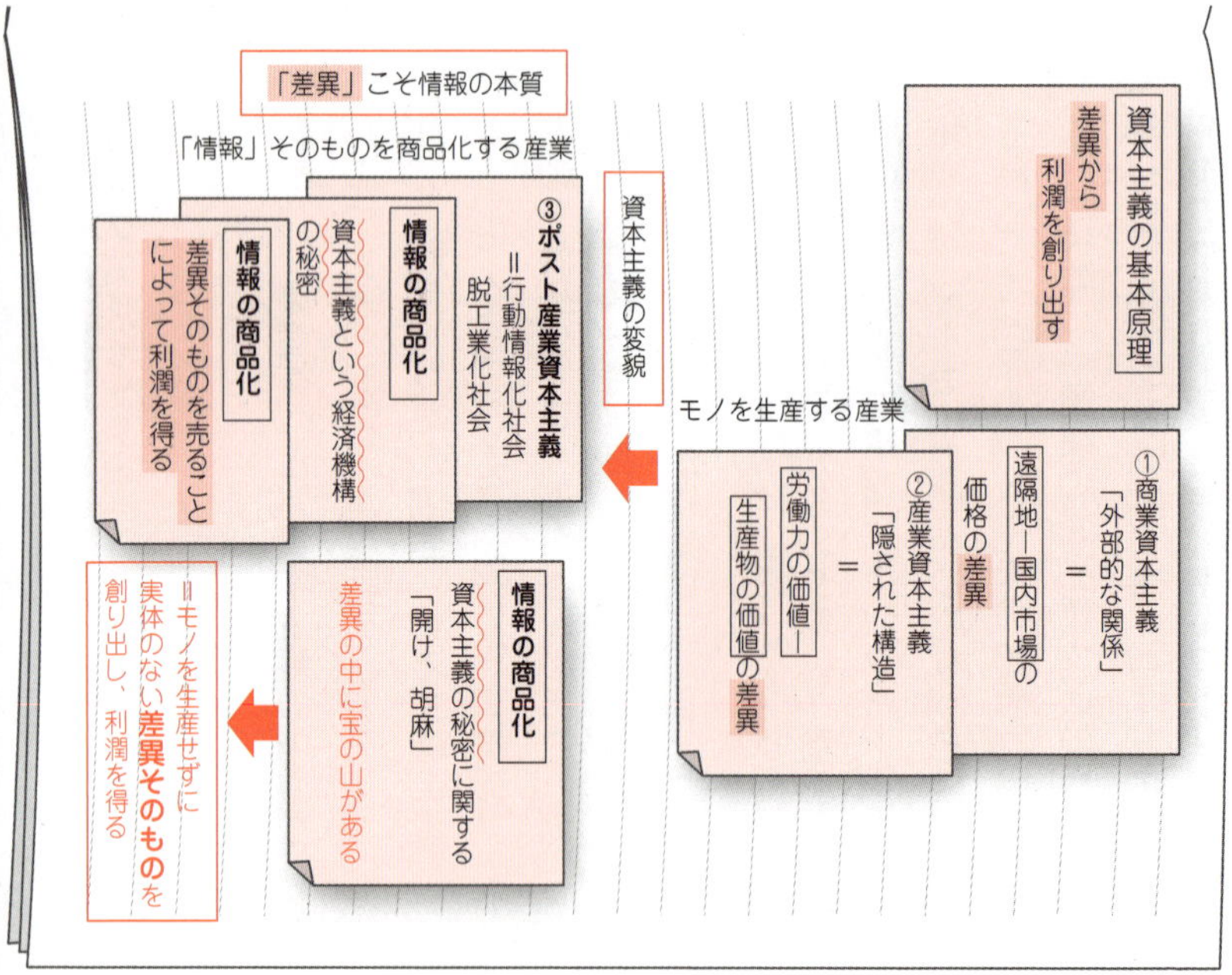

本主義は「差異から利潤を創り出す」という基本原理によって動いているが、「その様相」つまりその動き方が、現代においては「変貌」している。その「変貌」とは、「○○な差異」から利潤を創り出していたAという形から「情報の商品化＝差異の商品化」という形に変わってしまったということで、それを「ポスト産業資本主義」と呼んでいる。以上が、この文章の要旨です。

Aという形には、「商業資本主義」と「産業資本主義」があり、それぞれの「差異」の利用のしかたが説明されます。「商業資本主義」は、遠隔地で安く買い、国内市場で高く売るという、二つの地域の価格の差異を利用するものです。「産業資本主義」は、（安い労働力によって）安く生産して、高く売るという、労働と生産という二つの価値の差異を利用するものです。これらは「モノ」を移動させたり、「モノ」を生産したりすることで、そこに含まれている「二つの異なった価値体系」の間の差異から利潤を創り出しています。

ところが、「情報の商品化」＝「差異の商品化」という過程には、「モノ」が関わっていません。「モノ」がない代わりに「差異」そのものを創り出し、「モノ」の代わりに売ることで利潤を創り出しているのです。つまり、何かの差異ではなく、本来実体のない、差異自体を創り出して利潤を生みだしているというわけです。その点で、「差異から利潤を創り出す」資本主義の基本原理が最も純粋に働いている形ということができるため、「基本原理そのものを体現している」と言われているのです。

「開け、胡麻」とは、『アリババと四十人の盗賊』の中で、財宝が隠された洞窟を開ける呪文でしたが、「ポスト産業資本主義」においては、「差異から利潤を取り出す」という基本原理には、実は、「モノ」という実体は必要不可欠なものではなかったという「秘密」を暴露する呪文として働いています。そしてまた、「モノ」がなくても、「差異」という洞窟を開けることさえできれば、そこには利潤の財宝が隠されているという意味でもあるのです。

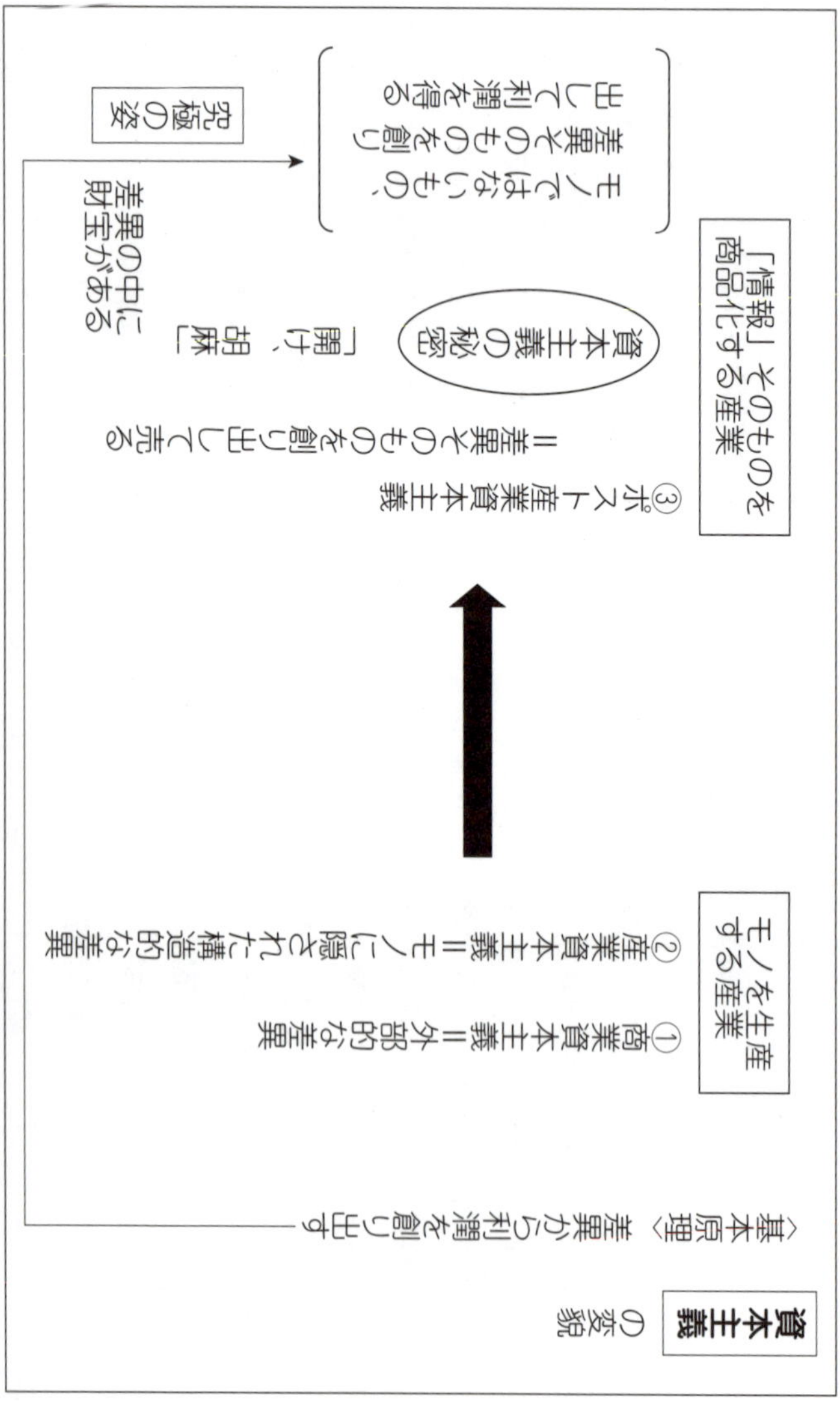

3 「ポスト産業資本主義」での「差異」とは？

岩井克人③

「マルジャーナの知恵」の例では、「この家がアリババの家だ」という情報は、白いチョークの×印（記号）でも、赤いペンキ（材質）でもなく、「他の家々には付いていない」印が、「アリババの家には付いている」という違い、つまり印の有無という「差異」でした。ですから、それらの印がマルジャーナによって他の家々全部に付けられ、差異が消失したことで、印の価値は失われ、盗賊の首は宙に舞うことになったわけです。

「情報」が実体をともなわない差異であり、その差異そのものが商品として売り買いされると言っても、私たちは日頃多くの「モノ」を買って生活していますし、企業も多くの「モノ」を生産しています。社会ではこれら実体をともなう「モノ」が大量に売買され、それが私たちの資本主義社会を支えているように見えるのに、「差異の商品化」に資本主義の中心が移っているというのはどういうことなのでしょうか。

本文では、「商品化」される「情報」の例として、「技術や通信、さらには広告や教育」などが挙げられています。従来の「安く買って（生産して）高く売る」という価格の差異とは違って、これらは確かに「モノ」という実体からは離れているという印象を与えます。しかしその取引きに全く「モノ」は登場しないでしょうか。また、「技術」は「技術革新」という言葉でもわかるように、産業革命以降の「産業資本主義」社会にも存在していたはずです。Aという機械よりもBという機械の方が、一時間あたり、同じエネルギー消費で生産するシャツの数が多ければ、AとBとの「差異」から生まれる利潤は大きくなるので、ここには「モノ」が関わっているとは言えないでしょうか。

「情報の商品化」＝「差異の商品化」をとくカギは、技術、通信、広告、教育に私たちが代金を払うとき、いったい何に対して払っているのかということにありそうです。

筆者は、「分業によって作る人と食べる人が分離してしまっている資本主義社会においては、プディングはふつうお金で買わなければ食べられない」とした上で、人がどのプディングを買うか実際に比較しているのは、ウィンドウケースやメニューの写真、コマーシャルの中のプディングといった、広い意味での「広告」だと言っています。

資本主義社会においては、人は消費者として商品そのものを比較することはできない。人は広告という媒介を通じてはじめて商品を比較することができるのである。

（『ヴェニスの商人の資本論』）

私たちは、「モノ」を買うのにも、「広告」によって媒介されている、「モノ」同士の「差異」を買っているということです。そしてそれは「モノ」同士の差異とすら言えず、「広告と広告との間の差異」に過ぎないと筆者は言います。

私たちがシャンプーを買う場合を考えてみましょう。多少の香りの差はあるでしょうが、同じ価格帯のシャンプーであれば、洗い心地や、洗い上がりの感触に大した差はありません。また、私たちは、そのような使用感の差を比較した上でシャンプーを選んでいるわけではありません。私たちは、広告で選んでいるのです。黒髪のきれいな日本人女優が複数登場する映像や、アジアンビューティと称されるモデルが髪を風になびかせている映像や、琥珀色のまっすぐな髪がテーブルの上に扇のように広がっている映像などを見て、それがコンピューターグラフィックで処理されたものなのだろうとは思いながらも、そのシャンプーが他とは違っているような気がして選ぶのです。「広告」同士の差異が、売り上げ＝利潤を創り出しているわけです。

そしてそのような差異を生み出す「広告」自体も、他の広告との差異＝「情報」として商品化され、売り買いされることになります。

するとあなたは「いやいや、私は実際に店に並んだ商品を自分の目で確かめ、選んで買っているぞ」と言うかもしれませんね。しかも、「モノ」そのものを選んでいるのであって、「広告」の入り込む余地はないはずだとも。

ではもう一つ、あなたがセーターを一枚買う場合を例として考えてみましょう。そもそも、あなたがセーターを買いたいと思ったのはどうしてでしょうか。日に日に気温が低くなってきて、上着の下にもう一枚暖かいものを重ねたくなったのかもしれませんが、しかし、防寒のためだけなら、あなたはもうすでにセーターを複数枚持っているはずです。それなのに、新しいセーターを買いたくなったのは、去年着ていたセーターでは満足できないから、つまり今年の「ファッション」や「流行」に合った新しいものが欲しいからです。レース襟や毛皮《ファー》の襟がついた「今年の」セーターを買いたいのです。防寒という本来の目的を果たす「モノ」ではなく、去年との「差異」、それを着ることによって他人からおしゃれだと思われたいという、他人との「差異」を買おうとしているわけです。しかも、その「差異」をあなたはどこで知ったのでしょう。雑誌やテレビのファッションコーナー、ショッピングモールの広告チラシといったものに示された「今年の流行」という「情報」だったはずです。それだけでなく、あなたが足を運んだお店でさえ、去年売った商品と異なる商品を並べることで購買意欲をかき立てようとする、企業側にとって「利潤を生み出す差異」によって整えられているのです。こうしてみると、今日私たちが買おうとするのは、「モノ」そのものの価値ではなく、他のものとは違うように見える、それによって他人と自分が違うように見えるために設定された差異そのものであり、それは何ら実体を持たないものだということがわかります。

ひとつリンゴを食べた後に、もうひとつリンゴを食べても、それはれっきとしたリンゴとして味わうことができます。……（中略）……同一の情報は、情報として価値をもちません。情報とは、経済的には、まさに差異性としてしか意味をもたないのです。

（『会社はこれからどうなるのか』）

日々社会では膨大な「モノ」が取引きされていても、そこで「商品化」されているのはその「モノ」にまつわる「差異」の方であり、そこから生み出される利潤が経済を回しているというわけです。企業が利潤を生み続けるためには、常に新しい差異を開発しなければなりません。その最も顕著な例が情報技術革命（IT革命）です。

情報そのものが商品化されることによって、情報を処理する技術や情報を伝達する技術—それらも、もちろん、情報の一種です—の開発がうながされ、商品化しうる場合には商品として売り出されます。それによって情報処理技術や情報伝達技術が普及すると、そのような技術によって伝達されたり処理されたりする情報の商品化がますます盛んになっていくのです。

（『会社はこれからどうなるのか』）

筆者は、技術の発展が「資本主義の変貌」をもたらしたのではなく、ポスト産業資本主義化が、このような情報技術の発展をもたらしたのだと考えます。それは「資本主義の基本原理」が常に「差異から利潤を創り出す」ものだからです。商業資本主義でも産業資本主義でも、「資本主義」は何らかの差異をみつけ、そこから利潤を得ることで拡大してきました。しかし、差異はそこから利潤を生み出すことで消費されていきます。安く調達できる遠隔地も、安い労働力も消費されればしだいに差異が埋まっていきます。一つの地域を消費しては次の地域へ、安い労働力が農村で枯渇したら発展途上国へ、というように資本主義は世界に差異を求めて広がっていったのです。そのような世界中の差異に限界が見えたとき、資本主義は差異を見出すのではなく、自ら創り出すという段階に進んだということです。ポスト産業資本主義は、資本主義の究極の段階として、差異を創り出す—差異を消費する—新たな差異を創り出す、という反復を続けることになるのです。

4 様々な観点からの「グローバル化」

岩井克人④

筆者によれば、資本主義の拡大とは「差異から利潤を生み出す」という基本原理のため、様々なレベルで「二つの価値体系の間の差異」が存在する場所を求めていった結果だということになります。遠隔地と国内の価格差であれば、ある地域で安い価格での調達ができなくなる—次の遠隔地に移動するというように、労働力と生産価値との差異であれば、賃金が上昇する—安い労働力が供給できる場所に移動するというように、差異の生じる場所を求めて、資本主義の基本原理が世界に拡大していったのです。

例えば、日本人は世界中から海老を輸入しています。国内産の海老は、漁獲量が少ない上に、それにかかる人件費が高いため、価格も高くなります。そこで、海老を大量に養殖できる土地と安い人件費を海外に求め、その差異によって商社は利潤をあげることになります。しかし、海老の養殖業は周辺の環境を破壊するので永遠にその場所で続けるというわけにはいきません。スーパーマーケットなどで冷凍海老のパックを見ると分かりますが、海老の輸入元は、インドネシア、ベトナム、タイ、エジプトというように遠隔地からさらに遠隔地へと移動していきます。ASEAN諸国の人件費も少しずつ上昇してきているため、その点からも輸入元は移動していきます。つまり、世界にはいろいろなレベルでの資本主義が混在しており、それぞれが差異の新天地を求めてさらに遠くへと移動していくことで、資本主義が広がっていくということです。差異はやがては消費され消失するものですから、この動きが止まることはありません。

ポスト産業資本主義の段階になっても、この構造は同じです。「情報」という差異の商品化が、情報技術革命をもたらし、どんな遠隔地にある「二つの価値体系」からも差異を創り出すことができるようになりました。そしてそれがまた情報の商品化を加速させていくのです。例えば外国為替市場や債券市場などの金融市場は、「時間や空間やリスクに対する人々の好みや必要性の間の差異性」から利潤を得ようとする場です。国境で大きく分断されていたこれらの市場は、情報技術の発達と発言力の強い国の自由化への圧力によって、世界中のどこからでも差異を発掘できるようなグローバル化を実現しました。

つまり、資本主義によって進められる「グローバル化」とは、「差異」の創造—「差異」の消費—新たな「差異」の創造という繰り返しによって拡大していくものだというのが筆者のとらえ方ということができます。

さて、私たちはこの他にも「グローバル化」を論じた文章を読んできました。一つは、多木浩二氏の「世界中がハンバーガー」、もう一つは内山節氏の「時間をめぐる衝突」です。岩井氏は「グローバル化」の原動力として、「資本主義の基本原理」が「差異性」を追求するという特質をあげました。ここで、多木氏や内山氏のとらえる「グローバル化」を再確認することで、「グローバル化」について様々な観点があることを整理しておくことにしましょう。

多木氏は、「資本が商業の形をとりながら文化の様式を携えて世界を均質化する」ものとして「グローバル化」の特徴をとらえました。「内装を統一し、メニューを画一化して厨房を廃止し、中央の管理をきわめて容易にする」という方法とその「無国籍さ」によってファースト・フードが世界中に普及し、同時に「ネーション固有の文化」が消えていくというものです。ここでは、ファースト・フード（＝無国籍性）という文化の特性が世界に広がる原動力は「強力な資本の力」ということになります。資本の力といっても「差異」を求めて展開するというものというわけではありません。むしろ、強大な力と発言力を持ったアメリカという国の影響力が、現実には実体のない「アメリカ」としてのファースト・フードを普及させていると考えられます。このように見ると、多木氏は、「グローバル化」について、その原動力ではなく、その結果を「ネーション固有の文化」と「無国籍性」との対立としてとらえているということができます。つまり、「ファースト・フード」という記号の持つ、文化面での意味内容として、「グローバル化」を論じているのです。

内山氏は、「グローバル化」を「資本主義＝市場経済」が持つ「時間（＝都市の時間）」と、地域に自然とともに蓄積され文化を支える「時間（＝村の時間）」との対立としてとらえました。「都市の時間」は、経済的価値の生産のための手段として消費される時間であり、物理学的な時間として計測されるものです。現代文明は、共通の時間やシステムを浸透させ、地域ごとに独自性を持った「村の時間」を消滅させることで「資本主義＝市場経済」の拡大を実現してきました。「グローバル化」とは、地域の多様な時間世界を抹殺し、世界共通の時間によって管理しやすい世界システムを確立しようとする動きであり、それを自由や民主主義の確立などと称して実行していくのが現代の戦争だと、内山氏は述べています。ここでは、「資本主義」が拡大しようとするのは自明のことで、何がその原動力となっているのかについては述べられていません。「グローバル化」がローカルな文化を消滅させることであり、その背後には

「資本主義」があるという点では多木氏と同じ論じ方ということができるでしょう。内山氏は文化や価値の生産を「時間の蓄積」と「時間の消費」という対立でとらえています。「資本主義」が価値の生産のために常に何かを消費し続けながら拡大していくという構図を「時間」という観点からとらえている点が、多木氏の「記号（光景）」からとらえている点とはまた異なる独自性を持っています。

また、内山氏は、近代的な経済社会について、「生産と流通と欲望の相互依存的な拡大の社会」とし、「広告」は「私たちの欲望をつくりだすうえで、一定の役割をはたしている」と述べています。このあたりを「差異」として深く追求しているのが岩井氏ということができます。

多木氏と内山氏は、「資本主義」によって進められる「グローバル化」の結果として、「地域文化の喪失」というマイナス面に焦点を当てています。これに対して、岩井氏はそれまでの資本主義において人間が価値を生産するモノとして扱われており、「人間疎外」の状態だったのが、ポスト産業資本主義という段階において初めて「差異そのもの」＝「価値そのもの」を生み出す存在になれたと言っています。差異の創造―差異の消失―新たな差異の創造という繰り返しを無限に行っていく力を、人間は持っているだろうという信頼感が感じられます。果たして、その「本来の意味でのヒト」になれる人間はどのくらいいるのだろうかという疑問は残りますが、岩井氏は「グローバル化」をプラスの方向に作用させていく道を模索していると言えるでしょう。

5 「貨幣論」の読み方

岩井克人⑤

「マルジャーナの知恵」は、「情報」が「ポスト産業資本主義」において果たす役割と商品としての価値について説明した文章でした。岩井氏の評論は、この他に「貨幣論」がよく登場します。ここではその「貨幣論」の概要について整理しておくことにします。

①貨幣は、それ自体はモノとしての価値を持たない。
②貨幣が価値を持つのは、それを貨幣として受け取ってくれる集団があるからだ。
（貨幣は共同体に依存する「共同体」的な存在である。）
③ある共同体が、貨幣が存立していると考える根拠は、貨幣として使っているという事実と、それが未来永劫継続するだろうという期待の二つだけである。
④モノとしての価値を持たない貨幣が、他のモノとの交換可能な価値を持つという「軌跡」が、貨幣共同体を存続させている。
⑤貨幣価値が急激に下落し、モノと貨幣との交換を拒絶する人々が増加すると、貨幣の流通する共同体そのものが消滅してしまう。この事態を「ハイパーインフレーション」と言う。

「情報の商品化」という事態と同様、「貨幣」の存在もまた、モノそのものとしての価値から遠く離れたところに価値を見出そうという行為です。現代社会では、「貨幣」もモノとの交換を目指すものというより、為替市場や債券市場などの「差異」を利用することで利潤を創り出す道具としての機能の方が大きくなっていると言えます。例えば、一ドル七十円の時にドルを買っておき、一ドル八十円の時にドルを売れば十円の利潤が生み出されます。ここで注目してほしいのは、一ドル七十円の時に買った靴下を八十円の時に売るのではないということです。現代社会においては、利潤を生み出すという行為にモノが必要とされないという事態が進行しているということです。モノから離れた、実体のないモノが商品化され利潤を生み出すという経済構造を筆者は示しているのです。

「貨幣」「情報」からの「経済学」読解のポイント

①利潤を生み出すしくみは何か。

②「商品化」されているものの本質は何か。

③「商品」のやりとりを成立させているものは何か。

④現代社会における経済システムについて、どのような問題点をあげているか。またはどのような可能性を示しているか。

1 「記号論」とは?

池上嘉彦①

記号と言えば、「=」や「?」のようなものが思い浮かぶでしょうか。「=」は「等しい」、「?」は疑問の意味で使われますね。このように、ある表現の形があり、それがある意味を伝えているものを「記号」と呼んでいます。町中で見かける非常口マークやトイレの女性男性のマーク、交通標識などはもちろん記号ですが、私たちが使っている言語も記号といえます。表現と意味が一体となっているものというように考えれば、私たちの身の周りには、たくさんの記号があるといえます。ふだん使っている記号がどうしてそのように使われているのか疑問に思うことはないでしょう。しかし一度自分が属している社会を出て、他の社会には別の記号があるということに気づくと、こうした疑問が湧いてくるのです。例えば、日本人が「(こっちに)おいで」と手招きするしぐさが、欧米では「(あっちに)行け」という意味になるのだと知ると、しぐさという記号の意味に注目が集まるでしょう。記号とその指し示す意味との結びつきには、もともと必然性はありません。しかし、一つの記号だけでなく、複数の記号とその意味との関係を見ていくと、全体としては、その社会に固有の背景が見つかります。その固有の背景を探ることで、個々の社会に固有の決まりや文化というものが見て取れるようになります。

記号論(記号学)とは、記号とその意味の関係を研究するものですが、現代の言語学、論理学だけでなく、情報理論、コミュニケーション理論に大きな貢献をしている学問なのです。また、特にフランスの構造主義者たちによって、さまざまな文化・社会現象の記号的解釈が試みられており、日本でもそのような視点からの文化論が多く書かれています。古くから哲学者の関心の対象となってきた分野ですが、言語学者のソシュールが言語学を記号学のなかに位置づけて研究の方向を示し、その後パース、モリスらによって学問として体系付けられました。モリスは記号学を次の三分野に分けています。①語用論。記号とその使用者との関係を研究する。②意味論。記号とそれがさすものとの関係を研究する。③構文論。一体系内の記号同士の関係を研究する。

高校生にとっては、「記号論」そのものは難しいので、記号論とはどういうものかということを解説した入門的な評論が多く扱われます。その中でも池上嘉彦氏は「記号論入門」の文章を数多く書いています。その他には、記号論的な視点から文化論を展開してみせる評論があります。多木浩二氏の評論などもその一つと言えるでしょう。

これらの評論を読む時には、そこで扱われている「記号」と「意味」の関係を整理しながら読み進めていくと、筆者がそれらをどのような全体像にまとめたいのかということがわかりやすくなり、文化や社会システムについての結論がつかみやすくなります。

【記号論についてのテクニカルタームの例】

記号 「記号表現」（例「イヌ」という音や字の組み合わせ）、「記号内容」（例 動物の「犬」）を兼ね備えたもの。

テクスト 一般に「本文・原文・原典」を指す。記号論では、表現されたものとその意味内容を合わせ持つものを記号としているので、テクストも表現されたものとその意味が合わさったものを指している。意味は、テクストを受け取る者が解釈して受け取るものであるため、無限の広がりを持つことになる。「〈作品〉の読みが、閉じられた、最終的で唯一の意味を探し当てることによって終わる行為だとすれば、〈テクスト〉の読みは、終わりのない〈遊戯〉であり、生産行為である。」（『現代思想を読む辞典』）

コンテクスト　その言葉が使われている背景や状況のこと。文章では、ある単語が使われる「文脈」のこと。コンテクストを参照することによって、「文法」を見出すことができるとされる。

コード　「文法」を指す。単語の語順や、組み合わせ、語形と語義の結びつき方などについての決まり。

言語記号　言語を記号体系であるという観点から見た場合、その単位をなす個々の記号で、多くの場合単語を指していう。一般の記号と同じく、言語記号にも外形（音形）の面と内容（意味）の面との、密接に結びついた二面があるが、その結びつき方には特別な理由や根拠があるわけではない。例えば、ある動物（意味）が「イヌ」（記号）と呼ばれたり表記されたりするのに、もともとの必然性はないということ。一方で、個々の記号は少数の単位（音素）の組み合わせから成り立ち、それらを組み合わせることで様々な文を作ることができる。

音素　時間の流れにそって切った、音韻論・音声学上の最小単位で、「ア」「ヲ」などの単音に該当する。動物としての人間が出せる音は多種多様だが、それぞれの言語では、使用される音素は限定され、互いに他と関連しあい、全体として固有の体系を作っている。構造の面でも均整的になっていること、違う音素となっているからこそ、その言語において単語の音形を区別し、その単語の意味を区別することができるとされる。

構造主義　歴史や文化などの人文現象を全体的、有機的な構造との関連でとらえ、模型（モデル）などで図式化することで、この構造の解明を目指した。歴史的、時間的な経過を記述することよりも、ある文化や事象がどのようにして生まれたのかということを構造（システム）として分析することを重んじた。二十世紀の初め、史的言語学に反対してソシュールらが提唱した近代言語学の方法が他の分野にも適用され、民俗学ではレビ＝ストロースの未開社会の親族構造の研究、近代思想が文化のどのような基盤を作っているかについてのフーコーの分析など、多くの成果をあげ、フランスを中心とした、一九六〇年代の主要思潮の一つになった。

右にあげた「テクニカルターム」は、何となくそんなものなのかと読んでおく程度で構いません。耳慣れない言葉が文中に出てきてもあわてなければ、「記号」「意味」→「文法（構造）」という文脈に従って結論に到達できるはずです。

「記号論」＝①文中で「記号」として扱われている対象は何か。
②それは、どういう「意味」を指示しているか。
③「記号」の集まりから、どのような全体像がまとめられているか。（文化・社会構造）

2 フセンとマーカーで整理する「『言語』としての文化」

池上嘉彦②

読むのがつらくなるような、「言語」と文化についての長い文章です。いろいろな例や言い換えによって説明されているのですが、耳慣れない用語も出てくるせいもあり、すっと入らない感じがします。キーワードとして、一番多く出てくる「言語らしいもの」を追っていくことにしましょう。マーカーで印をつけながら数えてみると「言語らしいもの」はなんと二十二回も登場します。それぞれについて、どのような例や言い換え、説明がされているか、フセンに書き抜いて行きましょう。

第一段落では、(1)〜(14)の「言語らしいもの」が出てきます。具体例として、モールス信号、手話、点字、制服、礼儀作法、身ぶり、占いや迷信・俗信、石ころなどが挙げられ、最後には「身にまとっているもの、食べるもの、住んでいる所すべて」となり、これを「文化」だと言っていますね。この「すべて」という語は、その前の「私たちの五感に感じとられるもの―すべて」の言い換えになっています。また、これらの具体例によって導かれている説明をフセンに書いていくと、「意味」という言葉が繰り返し出てくることに気づきます。ここから「言語らしいもの」とは「意味を持つもの」だということがまずわかります。ということは、「言語らしいもの」とは、「私たちをとりまくすべて」＝「文化的な環境」であり、「意味」を持つものだということです。ここから「文化は言語である」（＝「文化」とは「言語らしいもの」によって構成された「テクスト」である）という第一段落の結論が導かれます。

私たちは自分が属している社会の文化にすっぽり包まれて生きているわけですが、それは、私たちが自分の身の周りの全てのものに対して「意味」を読み取って生きているということなのだ、というのが第一段落です。

第二段落で、同じように「言語らしいもの」を追っていくと、今度は「決まり」「構造」「文法」という語が、同じ内容を持つものとして出てきます。「言語らしいもの」は、①意味を持つ、②背後に「文法」を予想させるような構造を持つ、という二つの特徴を持つとまとめることができます。ここから、言語と文化は近いものとして説明されていきます。つまり、言語と文化には、共通して「文法・語法のような決まりに従った一定のまとまり」としての「構造」があり、だから、「文化」は「文法」を持っていると述べているのです。ひっくり返せば、言語の構造や文法のモデルが、文化的事象にも応用できるというわけです。筆者は、言語学的な記号論へのアプローチのしかたを説明しているのですね。第一段落で出てきた「文化は言語である」という結論は、第二段落では「テクスト」に加えて、「言語」が「思想の表現」「伝達の手段」を担うという点から、「文化的創造のモデル」であると述べられています。

第三段落では、第一、第二段落で出てきた①意味を持つ、②文法を有する、という二つの「言語らしいもの」には「微妙なずれ」があると述べられています。ここでは「言語」について説明され、「意味」も「文法」も常に絶対的なものではなく、新しい意味や新しい決まりの生まれる可能性を含んだ臨時的なものだとしています。そして、それは「言語らしいもの」についても同様で、伝統と革新

「言語らしいもの」(1)〜(22)

(1)意図的に作られたもの

(2)モールス信号・手話・点字
ある単位が言語のある単位に対応するよう構成
(言語の補助・代用になり得る)

(3)「信号」と呼ばれているもの
一定の意味が定められている

(4)「制服」
服装→職務
を間違いなく意味する。

(5)礼儀作法・ある種の身振り
行為―意味
=社会的レベルで決まっている意味

(5)'(社会的レベルに属していて特殊)
占い・迷信・俗信
「彗星=戦争」

(6)何でもないことに意味を読み取る

(7)(8)私たちの五感に感じられるもの―そのすべて

(9)(10)(11)「石ころ」
=無価値という意味を有するもの
考古学者
「石器」…「言葉」

(12)(13)身にまとっているもの
食べるもの
住んでいる所
すべて
意味を持つ物

(14)文化的な環境
=一つの巨大な書き物
「テクスト」
←
「文化は言語である」①

「文化は言語である」②
文法・語法のような決まりに従った一定のまとまり
=「構造」

(15)「交通信号」
構造を持った対象とその背後の決まり
=三つの色の順序

(16)制服・礼儀作法
それなりの「文法」が背後にある。
場所や時代が違えば、「文法」も違ってくることがある。

(17)私たちの住んでいる環境
=
一つの巨大なテクスト
「文化のテクスト」の背後にも「文化の文法」が存在している。

「文化は言語である」
言語―思想の表現・伝達の手段
人間の文化的創造のモデル

(18)(19)「文化は言語である」
①意味を持つ。
②背後に「文法」を予想させるような「構造」を持つ。
①②の間には微妙なずれがある。

が絶えず起こりうる状態になっているのだと述べられます。

　第四段落では、第三段落の「伝統と革新」は、「規則に従う創造性」と「規則を変える（＝創り出す）創造性」とに言い換えられます。言葉を使うということから、文化的対象を考えるということへ視点を移動させることで、「意味作用・構造・背後の規則」を明らかにしていく「記号論」の手法が、文化に対する「人間の創造的能力」の秘密を明らかにすることにもつながっていくというわけです。

　「『言葉』としての文化」という文章は、「記号論」が文化の何を明らかにしようとしているのか、その目的について述べた入門のための評論なのです。

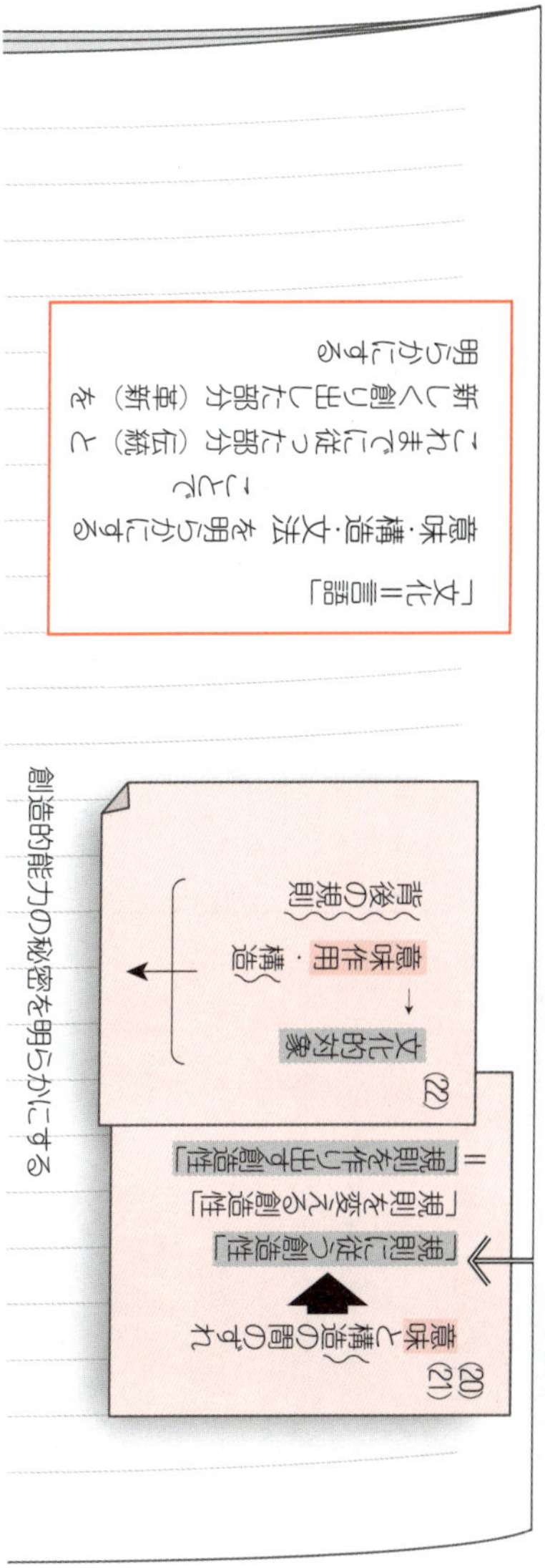

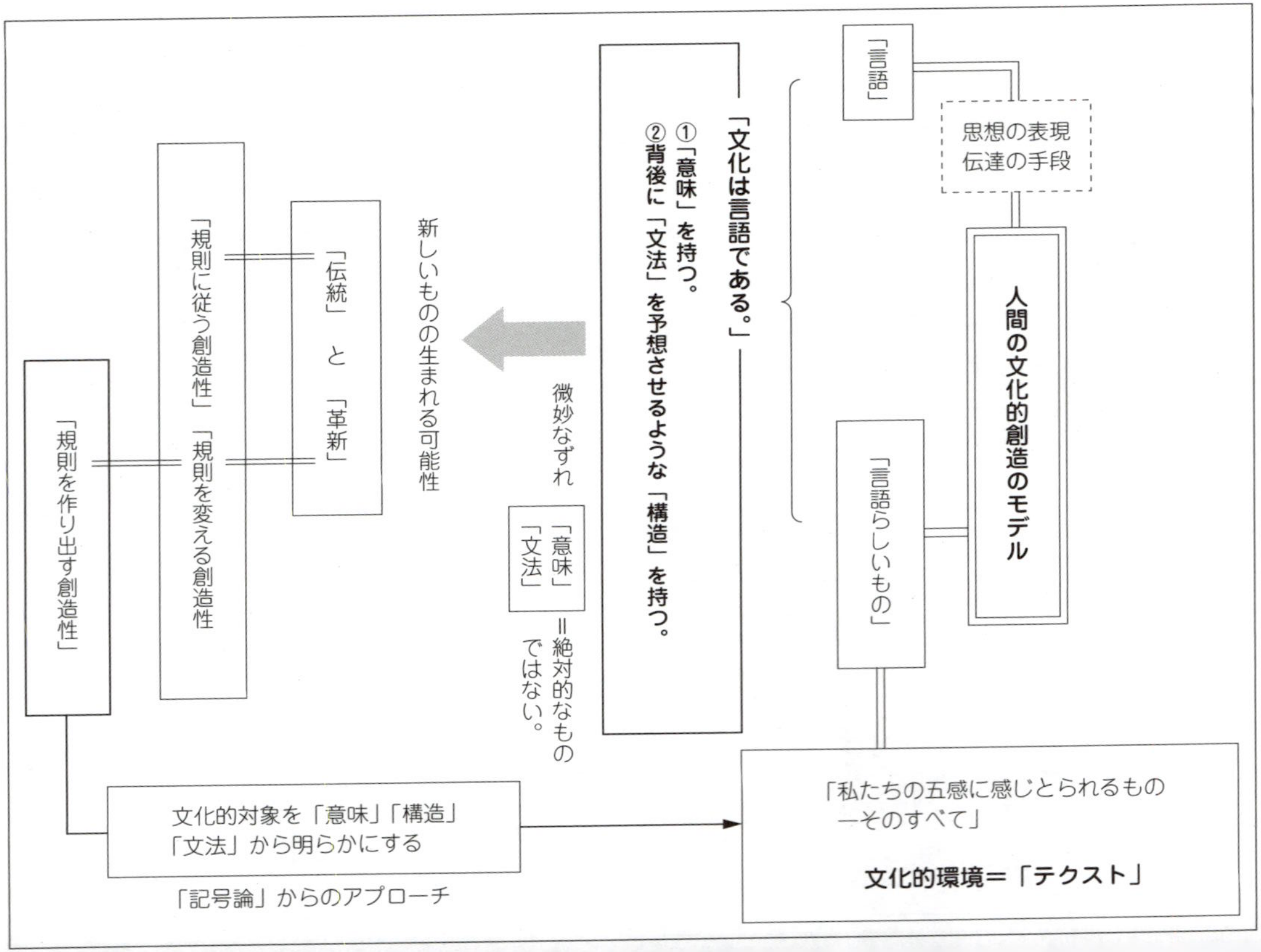
「言語」
思想の表現
伝達の手段
人間の文化的創造のモデル
「言語らしいもの」
「文化は言語である。」
①「意味」を持つ。
②背後に「文法」を予想させるような「構造」を持つ。
微妙なずれ
「意味」「文法」＝絶対的なものではない。
新しいものの生まれる可能性
「伝統」と「革新」
「規則に従う創造性」
「規則を変える創造性」
「規則を作り出す創造性」
文化的対象を「意味」「構造」「文法」から明らかにする
「記号論」からのアプローチ
「私たちの五感に感じとられるもの—そのすべて」
文化的環境＝「テクスト」

3 「言語」と「文化」

池上嘉彦③

文化と言っても、歴史的建造物、芸術、書籍など有形のものから、芸能などの無形のものまで様々です。そのようなものから私たちの属している文化がどのようなものか読み取るという方法は、「水の東西」でも見てきました。

言語学から生まれた記号学は、言語が文化や人間の思考様式と深い関わりを持っていると考え、言語学の方法から文化を考察しようとしています。言語こそ、他の動物の持たない、人間独自のものであり「表現や伝達の手段以上の何かである」と考えたからです。

> 人間は〈他の動物のような〉〈本能〉の導きを失い、したがって、混沌と化した世界に対して、素手で働きかけることができず、文化という装置を創り出すことによって、再び秩序をとり戻してきたのである。
>
> （『文化記号論』）

人間が立ち向かう自然は、それ自体が完結し、連続した存在です。他の動物たちは、その巨大な自然に自分たちも含まれることで生きていきます。しかし、人間は自分たちの要求（資源を得る・過酷な環境下で生命を維持する）に関わる部分に焦点を当てることで、自然がどのようなものか考え、それに対処してきました。その対処のための蓄積が文化を形作っていると考えることができます。そして、焦点を当てる、対象とその対処法について思考する、それを社会に伝え蓄積するという過程は、言語によって支えられます。

エドワード・サピアによれば、全人類が例外なく持っている言語という文化（記号体系）を通してしか現実を構成することができないのであり、…それぞれの言語という記号体系が異なれば、見えてくる世界も違ったものになってくる。自然という連続の世界を、われわれは言語という文化装置によって、不連続なものに分節しているのである。

（『文化記号論』）

筆者は、あるものを認識するためには、普通それに名称が与えられており、あるもののどの点に注目して名称をつけるか（＝分節）は、言語によって違うとして、いくつか例を挙げています。例えば、下表のような英語と日本語の言葉の違いは、それぞれの言語を使っている人たちの文化的な関心の違いを反映しているわけです。

それだけではなく、そうして生まれた言葉によって、どの点に注目するかという習慣もまた定められてしまうと筆者は言っています。キリスト教信者にとって、人間がもともと負っている罪（原罪）なのか犯罪を犯した罪なのかは大きな違

英語	日本語
brother	兄
	弟
rice	稲
	米
	ご飯
crime	罪
sin	
on	上
over	
above	

（『ことばの詩学』）による

いで、常に神の前の自分が意識されています。キリスト教信者でない者にはそれを区別する必要がないため言葉が分化せず、言葉が分化しなければ、その違いを意識する習慣も身に付かないということです。言語は、その言語を使う人々の文化によって形づくられるとともに、その文化の中で生きる人々の思考習慣を規制するという相乗的な性質を持っています。思考を支えると同時に規制するという意味で、「言語は文化装置だ」と言っているのです。

このように見てくると、文化装置としての言語は常に人間の思考を規制し、枠の中に閉じこめようとしているように考えられます。しかし、言語は決して固定的なものではなく、新しく生まれ変わっている部分があります。前章で見てきたことを思い出してみましょう。「言語」という「記号」は、表現（形や音）と意味を合わせ持っています。そして、その背後には、記号の結びつき方についての決まり（文法）があります。ある内容を伝えるためには、文法に従って記号を組み合わせなければなりません。しかし、その「意味」と「文法」の間には微妙なずれがあり、「規則に従う創造性」と「規則を変える創造性」が存在するということでした。

このことを「発信者」と「受信者」で考えてみると、次の四通りが考えられます。

①発信者（規則に従って組み合わせる）→受信者（規則に従って意味を受け取る）
②発信者（規則に従って組み合わせる）→受信者（規則と違った意味を受け取る）
③発信者（規則と違った組み合わせをする）→受信者（規則に従って意味を受け取る）
④発信者（規則と違った組み合わせをする）→受信者（規則と違った意味を受け取る）

われわれは、「私たちの五感に感じとられるもの―すべて」を「記号」として受け取り、そこに「意味を読み取（解釈）」りながら生活しています。規則にある程度従いながら、自分の判断に基づいて新しい記号化を行う場面があり、それが発信や受信の時に新しい意味をつくり出しているというわけです。文化もまた同様で、われわれは、自分の文化の伝統に規制されながらも、そこを逸脱する新しさを生み出してもいます。このように、言語と文化を結びつけて考えることで、広く文化を考える視点をひらくのが「記号学（論）」というわけです。

4 「コード」と「コミュニケーション」

池上嘉彦④

「言語記号論」では、コミュニケーションについてどのような考え方をしているのでしょうか。「記号学（論）」は「文化」を視野に入れて考えていますから、ここでは社会におけるコミュニケーションについて考えます。

筆者は、ひとまずコミュニケーションを「共通の（common）もの」を生み出す働きという原義から、「自分が頭の中に抱いている抽象的な広義の思考内容のコピーを相手にも創り出す行為」とします。「発信者」は思考内容を「メッセージ」にして「受信者」に送り、受信者は「メッセージ」を再構成することで「コピー」ができるというわけです。この経路を可能にするために、「記号」と「意味」についての共通の決まりが必要になります。つまり、「メッセージ」が「何かを意味するもの（記号）」によって構成されるためには〈辞書〉と〈文法〉にあたる「コード」が必要になるということです。筆者は、「コード」には次のような規定が含まれていなければならないと述べています。①〜③は〈辞書〉の条件、④は〈文法〉の条件と考えることができます。

①メッセージ作成の場合に「発信者」が用いることのできる記号表現が明確に規定されている。②それぞれの記号表現に担わせ得る情報が記号内容として明確に規定されている。

③規定されている記号表現と記号内容の対応は常に排他的に一対一である。④記号表現の結合に関しては、許容される結合がすべて規定されている。

（『記号論への招待』）

このように「メッセージ」と「伝達」を定義した上で、「発信者」の思考内容が完璧なコピーとして再構成されるのは、機械による発信と受信のような「閉じた」回路の中だけで、人間の場合は「コード」からの逸脱も起こるため、コミュニケーションはもっと複雑で豊かになると筆者は述べています。

「コード」からの逸脱には①語の意味そのものが変化する場合と②コードそのものが変化する場合があるとされています。①は、〈辞書〉に記載されていた言葉の元の意味が、言葉同士の類似性や近接性によって新たな意味（転義）を持つようになるというものです。

「類似性」（二つの物事が似ている）
①語形の類似性＝「白」と「城」②語義の類似性＝「白」と「黒」（反意性）
「近接性」（二つの物事の間に特別に近い関係がある）
③語形の近接性＝「シロ」「シロウト」④語義の近接性＝「白」「雪」「雲」

（『意味の世界』）

こうした連想関係によって、本来は色を指す言葉だった「白」が、「白黒をつける」「あいつはシロだ」といった新しい意味を獲得し、コードに「革新」が起こるのです。

②は、私たちが「メッセージ」を構成する時に、その対象をどのように解釈し記号化するかによって、新しいコードが作成されるというものです。「五感に感じとられるもの」すべてを「言語らしいもの（記号）」として自分の判断に基づいて意味を読み取っているわけですから、今までにない意味づけ（解釈）がされることでコードに「革新」が起こることになります。

もともとは動物をつなぎとめる綱や、近い間柄の者同士の離れがたい愛情を示すものだった「絆」という言葉が、苦難に立ち向かおうとする気持ちを見知らぬ者同士が共有することや、ある出来事を端緒にした地球規模の連帯という意味になった例を見ても、私たちが意味と記号を結びつける組み合わせには制限がなく、そのたびにコードに「革新」が起こるということが納得できるのではないでしょうか。「コミュニケーション」とは、様々な解釈と「革新」によって、言語という記号体系が拡大していく過程のことであり、「文化」もまた、同様の過程によって拡大していくと述べられているのです。

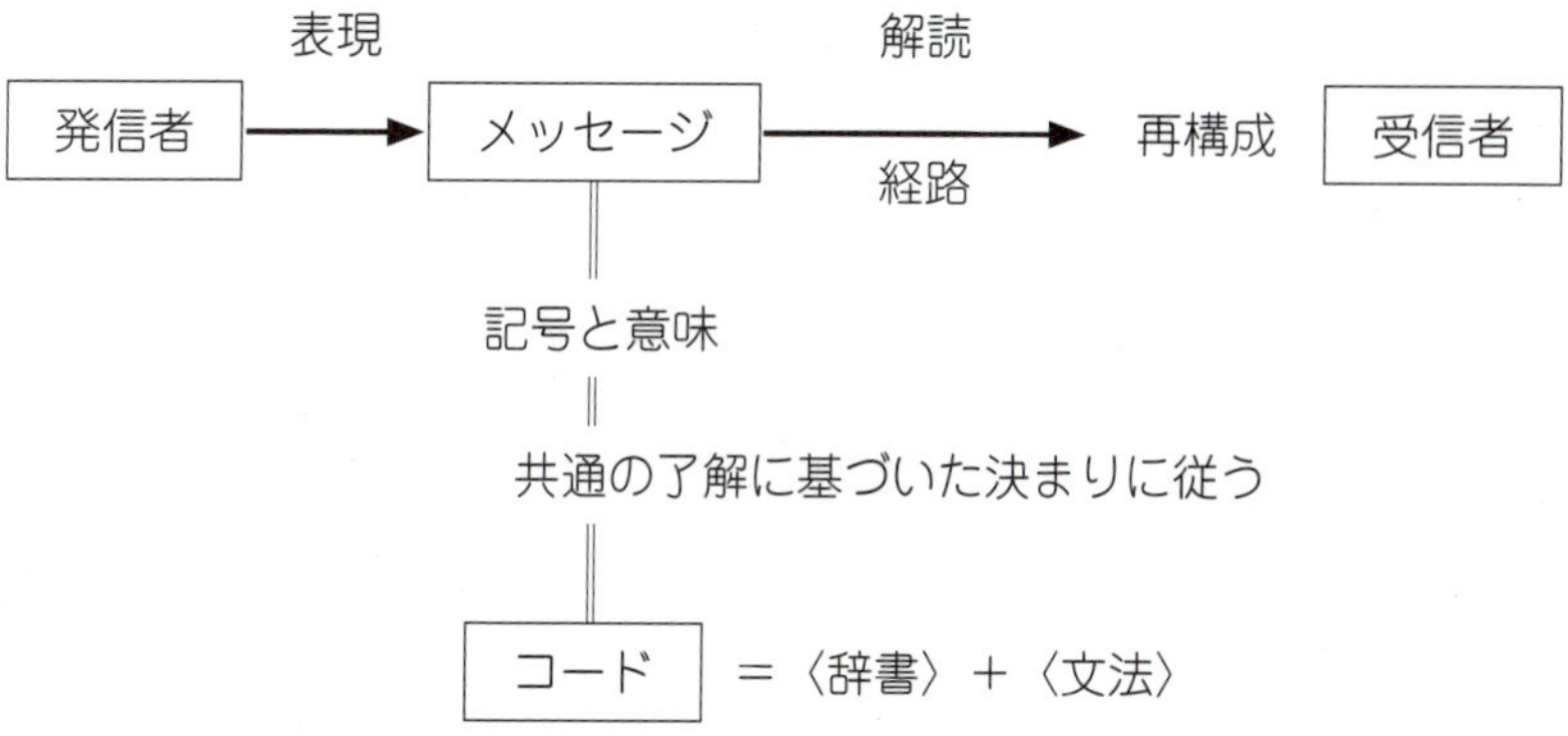

（参考『記号論への招待』）

5 「記号論」の読み方

池上嘉彦⑤

「記号学（論）」は入門的な評論が多いので、ある社会事象を「記号」ととらえて「文化」を論じるという文章にはなかなか出会わないでしょう。特にその文章を「記号論」だと意識しなくても、具体例によって、社会や文化のどのような構造を述べようとしているのか、気を付けて読み進めていけば大丈夫です。

入門的なものの他には、やはり「言語」について述べたものが登場します。言語学について説明しているのか、特定の表現と意味について例を挙げて述べているのかをみきわめ、結論として社会や文化を論じているのかどうか整理しましょう。次にあげる筆者の評論を、問題集などで探して読んでみることをおすすめします。

鈴木孝夫『教養としての言語学』言語学、記号論入門の文章。

田中克彦『言葉と国家』言語学史から社会と言語の関係を論じたもの。ある言語がその国の「国語」となることで、どのような価値観が持ち込まれ、どのような規制が起こるのかということを追究している。

佐藤信夫『レトリックの記号論』『レトリック感覚』『レトリック認識』

文を複合的な記号としてとらえ、そこに生じる微妙な言語現象（意味と解釈の動き）

を分析・解読していくもの。

丸山圭三郎『言葉と無意識』人間にとって言語とは何かを論じたもの。言語学から記号学への道を開いたソシュールの考えを解説している。

「記号論」＝①文中で「記号」として扱われている対象は何か。②それは、どういう「意味」を指示しているか。③「記号」の集まりから、どのような全体像がまとめられているか。（文化・社会構造）

「言語（記号）論」＝①言語学を説明することで、言語の取り扱われ方から社会（政治）の特徴を論じる。②具体的な、表現（記号）と意味の結びつき方から、人間の言語に対する意識を論じる。③②について取り上げながら、その時代の「解釈」から文化の傾向を論じる。

1 「身体論」とは？

鷲田清一①

> わたしってだれ？　自分って何？　だれもがそういう爆弾のような問いを抱えている。（中略）この問いには、問う者自身を危うくするところがある。
>
> （『じぶん・この不思議な存在』）

〈わたし〉という存在を何によって証明するかという問題は、古くから哲学で取り扱われてきました。特にルネッサンスや宗教改革後の西欧では、〈神〉と対置する〈わたし〉とは何かということが問題になったのです。

「我思う、ゆえに我あり。」という言葉で有名なデカルトは、〈わたし〉の目に見えていることの世界（＝私の意識の中にイメージとしてとらえられているもの。「観念（表象）」）が、本当に存在（「実在」）するかどうかは分からないと疑うことから出発しました。その上で、自分を含めた世界の全てが本当ではなかったとしても、そのように疑っている「我」だけは確かに存在すると考えました。表象（自分の中のイメージ）と実在（実際の姿）は一致するものではなく、むしろ表象から実在を判断することは間違いを伴うという考え方です。では絶対確実なものは何か？　それは意識の中にイメージとしてとらえられたものから、本当に存在するものを見きわめようと「考えている私」だということです。「自分は本当は存在しないのではないか？」と疑っている自分自身の存在は否定できないし、「自分はなぜここにあるのか」と考える事自体が自分が存在する証明であるというのです。しかし、このように私の意識の分析を通じて私の存在を確認したとしても、それは私の意識という狭い範囲の中でのことでしかありません。神学を重要視していたデカルトは、私の意識がないところに存在する「絶対確実」なものとして、〈神〉という究極の存在を証明し、その〈神〉に創造されたものとして、私の存在根拠を確認しようとしました。

デカルトのこの命題は、「精神肉体二元論」（いわゆる実体二元論）といわれ、その後の〈わたし〉のとらえかたに大きな影響を与えました。超越的な存在としての〈神〉と、〈わたし〉という個人、また、思考する意識の「内部」こそが存在の根拠だとするとらえかたから、知性や理性を身体よりも優位なものとしてとらえる身体観が根強く残ったのです。それは、実際の世界に直に触れている、私たちのこの身体が感じるものよりも、知性がとらえるものの方が優位にあるとする考え方です。このような身体観を反省し、身体から精神活動を含めた人間をまるごと語る方法はないかという観点から展開されたのが「身体論」です。これは「身体」という具体的なものの視点から、哲学、社会学、人類学、心理学、芸術など様々な分野において人間とは何かということを考察しようとする学問です。記号論や言語学、現象学などからのアプローチも多く、これまでに登場した多木浩二氏『眼の隠喩』、『生きられた家』などもその一つと言えます。

「身体論」の文章では、まず人間の「身体」をどのようなものだと言っているか、そして、その「身体」のあり方が、〈わたし〉というものにどのような影響を与えているかといったことを読み取るようにしましょう。これらの論は、「身体」と「意識」という対立の図式から離れるところから出発しているので、あまり先入観にとらわれずに読むとよいでしょう。

また、これらの評論でとりあげられる「身体」は、私たちの裸の肉体よりも広がりを持つものだということに注意しましょう。衣服をつけている「身体」であったり、ネットワークを介して世界規模に拡大した「身体」であったりもするので、その範囲を押さえることが大切です。

【身体論についてのテクニカルタームの例】

自己同一性　アイデンティティ。〈わたし〉が他の誰とも異なる、まぎれもない〈わたし〉であると確信できること。

アプリオリ　先天的。経験や事実に先立つ条件のこと。

モード　様式・形式。

フィジカル　肉体的・身体的。

ヴァリアント　変形。

両義性　私の身体が〈対象になるか〉〈自己自身になるか〉は、「どちらかであるとはいえない。つまり、両義的である。」とするメルロ=ポンティの考え方。

現象論　フッサールによって確立された哲学の方法論。実際に経験されるもの（「花が咲いている」）を「現出」と呼び、その現出によって認識されるもの（そこにある花そのもの）を「現出者」と呼ぶ。現出（「花が咲いている」のを見たという経験）が記号として現出者（「咲いている」花そのもの〉を指し示すことが「志向性」と呼ばれる。この現出と現出者の関係を分析し、なぜそのような形での認識が可能になるかを解明する。現出と現出者を成り立たせる世界の発生や構造の解明は、時間・空間論、身体論、他者論などに大きな広がりを持つ。

このように見ると、これまで読んできた「記号論」や「情報」についての認識のしかたなどと密接な関係を持っている分野であることがわかります。特に認識のしかたについて「身体論」は重要な視点を示していますから、いくつか読み慣れておきましょう。

「身体論」＝①「身体」とは何か。どこまでの広がりを持つか。
②それは、どういう「存在」を指示しているか。
③〈わたし〉「身体」は、外界とどのようにつながっているか。

2 フセンとマーカーで整理する「身体、この遠きもの」

鷲田清一②

「わたしたちにとって身体とはどういう存在なのか。」という問いは、「〈わたし〉とはいったいどのようなものか。」という問いから起こります。そして、「内面」とか「本心」という言葉で表されるように、私の行動を決めている〈わたし〉は、普通「心」としてとらえられています。ですから普通の感覚としては、私の身体の中に、私の心があってそれが〈わたし〉という存在の根本なのだと考えているのです。また、私が死ぬ時には、この身体から〈わたし〉は魂として抜け出し、あの世に行くというようにも考えますね。

これらの考え方では、〈わたし〉という「心」や「魂」が、「身体」という入れ物の中に収まっているということになります。この

は何かということを考えるとき、私たちの関心は「心」の方に偏ってしまい、「身体」はただの入れ物であり、「心」によってコントロールされる物体だという考えが生まれてくることになります。

しかし、本当にそうなのかというのが、筆者の提示している「身体とは」という問いです。私たちは、この身体がなければ実際の世界に直に触れることも、世界を認識することもできません。心や魂と違って目に見えるものであるために、物体として片づけてしまってよいのかという検証を「物体との対照」から行おうというのがこの文章です。

「物体と対照」するというのは、「物体」と何が違うのか（同じなのか）について考えて

対照」に慣れてしまっているため、ひとまず〝身体は物体だ〟とした上で「物体」一般との違いを見きわめる、「身体とは」という問いの答えを導こうとしています。

さて、文中では「身体」がキーワードになるのですが、それだけをただ拾っていくと余りにも数が多すぎます。そこで、「たとえば」で導かれる例示の部分（形式小段落）はマーカーで囲むだけにして、それ以外の部分から「身体」について説明しているところに別色のマーカーで線を引いていきましょう。

第一段落では、「他の物質体とはあまりにも異質な現れ方」として、「身体」の現れ方（私たちが身体をどのように認識しているかということ）が三点説明されています。身体は、①〈わたし〉にほとんど意識されない（＝現れない＝見えない）とき、②〈わたし〉にとって異物や障害物としか意識できないとき、あるいは③〈わたし〉の意のままにならないものと感じられるときなど、その時々によって現れ方が違います。そして、〈わたし〉にとって重要なのは「だれかの身体」ではなく、いつでもこの私の身体一つだけであって、わたしの経験や感覚というものを、誰かのものと交換したり一般化したりすることはできないと説明されます。身体が物体であれば、〈わたし〉にとって身体はいつでも対象物であるはずなのに、見えなかったり、〈わたし〉がそれと一体化してしまったりするという点で、他の物体とは違うというわけです。

次に、身体は物体として、この世界にどのような存在のしかたをしているのかが、第二段落で述べられます。まず、物体としての身体が占めている空間の広がりと、〈わたし〉が内側から感じている「私の身体」の広がりは一致しないとしています。次に、①身体は細胞レベルでは刻々と入れ替わり続けており、同じ構成物としての身体が変わらずに存在するということはない、②脳が記憶するように、身体もまた記憶することによって、そこに過去の時間を蓄積している、と述べられます。つまり、「いま・ここ」で〈わたし〉が感じている身体感覚や、自分が意識している身体のありようこそが、自分の身体の具体的な姿だと限定することはできないというわけです。このように、「私の身体」は空間的に「このくらいの広がりをもつもの」というように固定することはできないし、また、記憶と結びつくことで、時間的な現象にもなっているという点で、やはり他の物体とは違うということになるのです。

第三段落では、私たちの「知覚」という点から物体としての身体について述べています。物体は「誰の目から見てもこうである」というような客観的な現れ方を持っています。これに対して、私たちは自分の身体を完全に知覚することはできないし、他人の目から見た身体のイメージを共有することもできません。特に筆者が挙げている「顔」にいたっては、私たちは決して直に見ることができないと言っています。このように不完全にしか知覚できないため、私たちは身体を、他者を媒介にして知り得た情報から想像することで、〈像〉（＝イメージ）を自分の中に作り出し、それを自分の身体である、自分であると受け取ろうとします。他の物体と同じように〈わたし〉がそれを対象化することができるように見えても、あるいは他の物体と全く違って〈わたし〉と身体が一体化しているように感じられても、実はそこには想像上の〈像〉しか結べていないといいます。そしてそれは身体に限らず、〈わたし〉という自己認識についても同じだということです。「わたしと身体との関係」を、絶対的にとらえようとすることはできないのだというのが、筆者の結論と言えるでしょう。

第1段落　身体の考え方

物体と対照したほうが身体というものの固有のあり方は見えやすい。

(1)ひとつの物体であることはまちがいないが、他の物質体とは異質な現れ方をする。

私たちの視野から消える。
私たちの前に立ちはだかる。
身体の奇妙な現れ方

(別の局面)
(2)「もつ」(所有する)
①所有という行為の媒体として働いている。
②その身体をわたしは自由にすることができない。

(3)「身体一般」
医学研究者にしか存在しない。

「わたしは身体をもつ。」
「わたしは身体である。」

人称としてのわたしと身体の関係
対立や齟齬といった乖離状態
密着したり埋没したりする

わたし＝「I」
身体＝「it」？
身体＝「I」？

第2段落　「具体的」な肉体として考えてみる

身体の存在を物質的な身体の占める空間に限定すること。
⇔
身体は皮膚に包まれているこの肉の塊のこと
身体空間は物体としての身体が占めると同じ空間を構成するわけではない。

いま・ここという経験の中心に限定すること。
⇔
身体は、時間的な現象でもある。身体はたえず変化している。身体もまた記憶する。

不完全にしか知覚できない

かえって
抽象的な考え方

物体なのに、時間・空間を限定できない

第3段落　「具体的」な肉体として考えてみる　例「顔」

じぶんの存在を確固としたものとして感じられるように
↓
身体をたえず確認しつづけていようとする。

わたしと身体の関係
もつれたり、かたよったり硬直したりする
身体
＝想像されるひとつの〈像〉

＝
物体なのに客観的に知覚できない
↓
じぶんがそれであるところの身体から遠く隔てられている
＝
わたしたちの存在条件
ぎくしゃくした関係

「物体」だったら…	「身体」は
①常に可視的である。 そこに「ある」物として、誰の目からも同じように確認できる。 ＝客観的に存在が確認できる。	①異質な現れ方 視野から消えたり、前に立ちはだかったりする。 ＝**誰にでも同じように見えているわけではない。〈わたし〉にとっての見え方**が問題になる。
②所有できる。 随意に使うことができる。	②「所有」に関して 行為の媒体として働くが、自由にすることができない。 ＝「道具」として働く場面もあるが、**自由にすることができない。**
③他の物とまとめて、一般化することができる。	③「身体一般」ということはあり得ない。 **自分の身体を、他人の身体と同列に扱うことができない。** ＊一般化された身体を扱うのは医療研究者だけ。
④具体的な存在である。 ・固有の大きさをもち、それに応じた固有の空間を占める。 ・「いま・ここ」に存在する物として、固定して考えることができる。	④「皮膚に包まれているこの肉の塊」 ・物体としての身体と同じ身体空間を構成するわけではない。 ＝**空間を定められない。** ・時間的な現象としてのあり方 絶えず変化している。記憶する。 ＝**「いま・ここ」を特定できない。**

自分の存在を感じたい
↓
不完全にしか知覚できない
＝**身体は物体であって、物体でない**
↓
自分の存在を不完全にしか確認できない。

＊文章中には述べられていませんが、「物体との対照」において考えるということから、「物体」として前提になる性質を上段に示しながら、比較しています。

〈まとめ〉

〈わたし〉は何か？

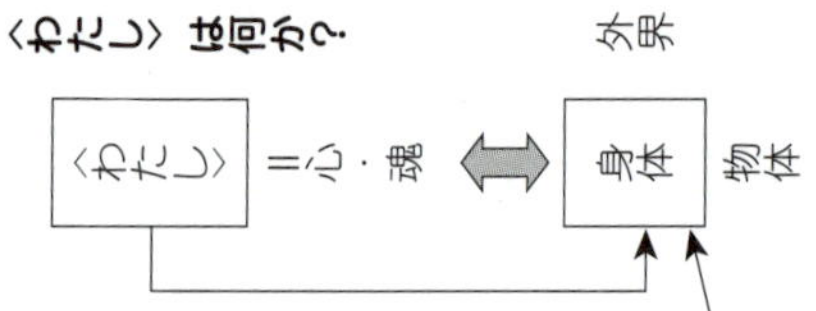

〈わたし〉の外側にあるもの
＝客観的に知覚できるもの

★物体とは言えないんじゃないのか？

○客観的に知覚できるものではない。
（医学研究者以外）
○〈わたし〉の外にあるものではない。
＝自由に使用、所有できるものではない。
○形や中身を固定することができない。

〈わたし〉の心のひろがりとリンクする。
〈わたし〉の記憶（過去）とリンクする。
＝〈わたし〉の内部とリンクする。

〈わたし〉の中のイメージ〈像〉でしかない。

身体は〈わたし〉の内部にあるものでも外部にあるものでもある。

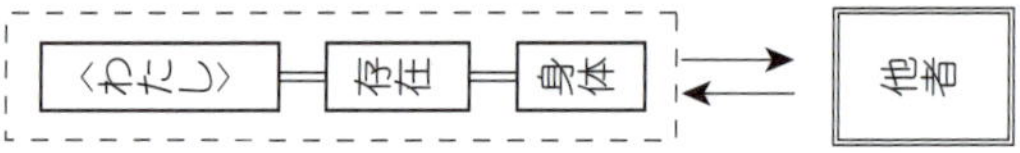

3 「わたしと身体との関係」

鷲田清一③

わたしたちは、目の前にあるものを、それは何であるかと解釈し、区分けしながら生きている。…（中略）…わたしたちが「〜である／〜でない」というしかたでしか自分を感じ、理解することができないからではないだろうか。そしてそういう意味の分割の中にうまく自分を挿入できないとき、いったい自分はだれなのかという、その存在の輪郭がうしなわれてしまう…。

（『じぶん・この不思議な存在』）

「物体」である、「物体」でない、ということがはっきりしなかったように、「〜である／〜でない」というしかたから、身体を説明することはできませんでした。わたしと身体との関係がどのようであるかを考えることが重要なのは、〈わたし〉＝「人称としての私」＝「私という自意識」がどこにあるかを解明する手だてとなるからです。この世界を知覚し、認識する〈わたし〉という存在を見きわめようとするとき、身体は〈わたし〉の外にあるのか内にあるのか、それが問題になるということです。

ところが、身体は「私であり、私でない（内であり、外である）」、その両方が正しいと言える存在でした。しかも、その〈わたし〉であるところの身体を、私自身が完全に、直接知覚することはできません。「私の身体」がどのようなものかは、いつも他者との関係において間接的にしか確認できませんでした。つまり私たちは、他者の中にある〈像〉を継ぎ合わせた〈像〉として「私の身体」を想像するしかないというわけです。他者が抱く「私」の〈像〉は一様ではありません。ある人にとっては、あなたは「面白い友」であり、ある人にとっては、あなたは「内気な生徒」であるというように、ばらばらな〈像〉があるはずです。他者からそう思われていることに対してあなたはなんとなく「そうかもしれないけれど何かちがう」というように異和感を感じるでしょう。「それだけではない、私があるはず」とも思うはずです。結局〈わたし〉は誰なのか、しかも他人とは絶対的に違う〈わたし〉という固有の存在を求めようとしても、不確かな答えしか得られません。しかし、その不確かさを関係性の中で受け入れていくしか、〈わたし〉を知る方法はないのです。

> 「わたしはだれ?」――それは、おそらく、〈わたし〉を形作っている差異の軸線をそのつど具体的なコンテクストに則して検証していくところでしか答えられないであろう。わたしたちはわたしたちでない人を知ることを通してしか、自分自身を知り得ないのだから。
>
> （『じぶん・この不思議な存在』）

「差異」とは、ある人にとってあなたは「面白い人」だが、別のある人物は「話のつまらない人」だととらえることです。あなた自身も、「Aさんより私の方が人に対して優しい。」と、Aさんとのちがいとして自分を確認しています。このようにAさんとのちがいでしか自分をとらえられないとしたら、Aさんがいなくなったら自分の「優しい」がわからなくなってしまう。その不確かさから逃れようと、現代の私たちは、逆に他者との関わりを断って、自分の内部に答えを求めようとしていると筆者は述べています。「私であり、私でない」という意味の境界にあたる身体に対して「自意識過剰」になり、他者から自分を防御することばかり考えているというのです。

強迫的に他者から自分を隔離しても、〈わたし〉は見えなくなるばかりか弱体化していくばかりだと筆者は言います。だから、今こそ他者に対して自分を開いていき、そこに存在している〈わたし〉を確認していくべきだと、最近の文章で筆者は述べています。

「わたしらしさ」というのは、一人で持てないものだから、人はすぐに他人のうわさや品定めをしあうのだろう。他人の間でじぶんを探すのだろう。じぶんを他人の間で分類するというのは、じぶんが衰弱しかけてる信号なのだろう。でも、あなたでないとだめだ、というふうに愛してくれる人が出現すれば、人はそんなタイプ分けがとたんにつまんなく見えてきて、もう「らしさ」にこだわらなくなるはずだ。

（『てつがくを着て、まちを歩こう』）

身体論が、身体を心から引き離す考え方を否定したのは、私たちがその身体によってこの世界を感じとっているという事実を、私たちの思考や感情と別にすべきではないと考えたからです。五感の感覚によって外界の様々なことを認識しているといっても、身体は手段（道具）ではなく、身体そのものが認識を作りだしているのだというのが、「私は身体である」ということです。「私は身体である」ゆえに、人は、外に対しての〈わたし〉を取り繕うため、衣装を身につけたり、化粧をしたりと、様々な文化的なオプションを身につけ、はだかの〈わたし〉を無防備にさらさないように注意を払ったりします。衣装や化粧で「私は～だ。」という〈像〉を自分の思うような形で固定することができれば、他者からの見え方も固定することができるし、他者との「差異」も一定のものにすることができます。それは「不確かさ」を、できるだけ避けようとする行為という意味も持っています。

あるいは、逆に衣装が、社会的な「差異」から人々を解放するなど、〈わたし〉を防御するような文化的な意味を帯びたりと、〈わたし〉と身体（の上に着るもの）の関係から、社会の有り様が見渡せたりもします。

しかし、私たちの社会は次第に具体的なものから離れていき、この身体が直に認識を支える機会をおろそかにしがちです。人と人とが対面しなくても、人間の活動が可能になるような社会システムの中で、〈わたし〉を確認する場を失いつつあります。だから、「私の身体」をもう一度他者との関係の中にさらして、弱体化した〈わたし〉を取り戻しなさいと言うのです。「だれかにとってのだれかであること」が、〈わたし〉の「かけがいのない存在」であることの証になるような場を取り戻しなさいということです。〈わたし〉と他者が出会う場において、「無防備」になることがコミュニケーションを支え、お互いを癒すことになるのだと筆者は言っています。身体は心と不可分のものという観点だからこそ、その身体をどこに置き、何に向かわせるかということを論じることが可能になっているのです。

4 さまざまな「身体論」

鷲田清一④

身体についての考え方を大まかに分けてみると、「身体vs精神や心」という構図によって、身体を精神よりも抑圧されたものとして捉えるものが、まず挙げられます。こうした近代的な身体観への反省から、身体にこそ人間性復活の手がかりがあるという考え方が生まれました。「精神や心」は言語を用い、自らを語ります。しかし、身体は自らは語らない。その語らない身体から私たちはどのようなメッセージを受け取るのか、そのような視点で身体論は展開されてきました。

「身体とは何か。」物体としての身体ではなく、〈わたし〉と不可分な関係にある身体とはどのようなものかということがまず追究されました。

生き身を考えますと、「栄養が身につく」というのは、これは生理的身体ですが、「教養が身につく」というと、これは一種の文化的身体である。からだのあり方のレヴェルでは、「身構え」は身の姿勢ですが、同時に心の構えでもある。「あの人の前にでるとどうしても身構えてしまう」という場合には、なにもボクシングの構えをするというのではなくて、心の構えがそうなるということですね。…（中略）…このように身のあり方がさまざまであるというのは、身が関係的存在としてあり、そして何との関係においてあるかということによって、身のあり方が決まってくるということを意味する。
（市川浩『〈身〉の構造』）

その時々の関係的存在として、「私は身体である」「私が身体を持つ」という二つのあり方がボーダーレスに展開する「私の身体」を論じていくと、鷲田氏が「〈像〉にすぎない」と述べているように、身体論での「身体」とは、所詮、精神の鏡に映る身体像であり、身体イメージにすぎないのではないかという所に行き着きます。

それでは、生身の身体、イメージではないリアルな身体はどこにあるのか。〈像〉としての身体性と生身の身体の境界面を形作っていたものに、具体を介して近づこうとする様々な試みがなされます。身体が身につける服、身体が自身の延長として用いる道具、または身体が負っている文化など、どこまでが「私の身体」で、どこからが物体なのかということを、現象や表象文化、記号あるいはテクストとして見立てることを通して具体的にとらえようとするものです。

だが、衣装は見るものであると同時に、着るものでもある。では、衣服をまとうという行為、化粧をするという行為は、どういう意味で宗教とつながりがあるのだろうか。世界というのはわたしたちの理解を超えている。そしてその一部であるわたしたち自身もわたしたちの理解を超えている。そういう不可解なもの、超自然的なもとの交わる一つの技法としておそらく宗教はある。…（中略）…ファッションにも同じことが言える。別の存在になろう、と人々を誘惑するのだ。
（鷲田清一『てつがくを着て、まちを歩こう』）

また、自らの体感や体験を土台として身体を考えるという考え方から、生身の身体を視野に入れた身体論へのアプローチが見られるようにもなっています。

言うまでもなく身体もまた自然である。舞踊であれ、遊戯であれ、すなわちダンスであれ、身体演技とは自然との対話にほかならない。人はそのとき、自身の身体に、また他人の身体に、全身で聞き入っているのである。身体もまた考えているのだ。文化とは頭脳によって担われていると思われがちだが、その基層はより多く身体によって担われているのである。実際、部脳は、自身の身体が担っている文化にしばしば気づかない。手の洗い方や、食事の仕方が、何を意味しているのか、ほとんど知らないのである。

（三浦雅士『考える身体』）

体験や体感から語り出すという手法のほかに、技の伝承に携わる人々と場を共有しながら、言語を通して身体について語らせるものもあります。例えば、密教的身体を自らの修行体験を通して解明しようとした中沢新一『チベットのモーツァルト』や、音楽の演奏や演劇、舞踏あるいは、武芸などが扱われます。そのような特別な技《わざ》を伝承するような身体に限らず、私たちが朝起きて、夜眠りにつくまでの様々な日常の所作にも、それぞれにある種の技が伝統的に潜んでいる可能性があります。M・セルトーは『日常実践のポイエティーク』で、そのような日常の所作にみられる技の発現と伝承に着目し、小さな存在にすぎない一般の民衆が権力の支配に対抗する際の、独自の姿勢や歩み、話しぶりといった、所作が持つ固有の力について論じています。技も、またそれを駆使しているはずの身体も、実は常に他との関係性の中で立ち現れてくるものであり、二者が共有する場こそが技や身体技法を可能にしているのだということを伝えているのです。武芸の分野では、古伝の武術の術理を探究することから出発して、その術理のもつ可能性を野球やバスケットなどの現代スポーツをはじめ、介護、音楽などにおける身体の扱いにまで広げていくものもあります。

一口にまとめると、まず、精神・心と不可分なものとして身体をとらえ直すことから出発した「身体論」は、身体の内側から眺めていても「私の身体」は決して見えて来ず、それは想像された〈像〉に過ぎないというところに行き着きます。

次に、そのような〈像〉が常に他者との関係性の上に現れるもののパッチワークなのだという認識から、具体的な場面において身体の意味するものをとらえようとする方法が出てきます。〈像〉ではない、生身の身体そのものも掘り下げられ、所作として身体に担わされている技の力や、文化を追究していこうとする分野が出てきているということです。私たちが世界を知覚し、働きかけるとき、常に具体としての「行為する、その身体」が持っている意味をさぐるというのが、今の「身体論」と言えるでしょう。

5 「身体論」の読み方

鷲田清一⑤

「身体論」では、まず身体について何を取り上げているのかという「題材」を見きわめましょう。次に、その題材が〈わたし〉にとってどのような意味を持っているか、または文化や人間にとってどのような意味を持っているかということを、結論としてつかまえることを目指しましょう。

以下に、鷲田氏の身体論の「題材」と結論について、いくつかまとめておきます。

①「身体」についての考え方（総論）

私たちは自分の身体を完全に知ることはできない。身体には視覚や触覚をもって知り得ない部分がたくさんある。

↓「身体」とはあやふやなものである。私たちは他人の反応によって、間接的に身体を想像し、ある〈像〉をとらえているにすぎない。

↓他者との関わりの場でしか、「身体」の意味も、〈わたし〉もとらえることができない。

↓「こうでありたい」身体のイメージと「私の身体」のずれが、〈わたし〉と身体の関係をぎくしゃくさせる。

↓他者との関係の中で「わたしと身体の関係」を回復すべきだ。
②「題材」＝モード・ファッション
衣服の流行（モード）は、私たちの衣服と身体に規則を与える。単に身につけるものではなく、私たちの身体をその規則に沿って変形させ拘束するものである。
↓衣服の持つ文化的意味を具体的なモードによって説明する。
↓衣服と人間のあり方の関係を説明する。

前章で挙げた三浦雅士氏の文章にも、「老い」と身体の関係が取り上げられる部分がありま す。現代の私たちは「若さ」にこそ価値を置いているが、かつて「若さ」とは「未熟さ」であり「恥」であったとして、「ヨーロッパと日本では、身体についての考え方が根本的に違う」「身体観、さらに言えば自然観が違う」と述べています。「身体論」は具体例による説明が出てきますから、それをしっかり読み取っていきましょう。

「身体論」＝①「身体」に関わるものとして挙げられている具体例は何か。
②具体例を通して、「身体」がどのようなものだと述べているか。
〈わたし〉との距離や、文化についてどのように述べているか。

あとがき

教科書や試験問題に登場する評論の筆者が限られているのはどうしてでしょうか。評論と言われるもので、最も専門的なものは学術論文でしょう。最も身近なものは、新聞の文芸欄や雑誌に掲載されるもの、○○新書などに発表されるものです。学術論文は専門の知識を持っていない者には歯が立ちませんから、私たちが目にするものはどうしても後者になります。このうち、教科書や問題に採用するには、適当な長さで切り取っても、その中で論がまとまっている必要があります。また、具体例や文の構造が、高校生がお手本とするのにふさわしいような、きちんとした文章であることも大切です。ある分量の中で論が完結していて、文章も模範的、という条件にかなう評論はそうそうあるものではなく、同じ筆者があちこちに登場することになるというのが現実です。

となれば、その人たちに親しんでしまえばいいじゃないか、と思って始めた私自身も、筆者の方々との距離を縮められたような気がします。「国語総合」に登場する筆者の中でも特に特徴的な論を高校生向けに書いている人々を取り上げてみましたので、この本をきっかけに、現代文の問題集などで他の文章にも親しんでいただけたらうれしいです。

末尾になりましたが、この本を上梓するにあたり、遅筆な私を最後まで温かく支えてくださった編集部の方々に改めて厚くお礼申し上げます。

平成二十四年一月

手塚　比目古

引用出典一覧

＊筆者の五十音順

芦原義信『街並みの美学』一九七九、岩波書店
池上嘉彦『意味の世界』一九七八、NHKブックス
『記号論への招待』一九八四、岩波新書
『ことばの詩学』一九九二、岩波書店
『文化記号論』一九九四、講談社学術文庫（共著）
市川　浩『〈身〉の構造』一九八五、青土社
今村仁司編『現代思想を読む辞典』一九八八、講談社現代新書
岩井克人『ヴェニスの商人の資本論』一九八五、筑摩書房
『会社はこれからどうなるのか』二〇〇三、平凡社
「すべてはヒトに始まる」『日本経済新聞』二〇〇五・八・二九、朝刊
「遺伝子解読の不安」『朝日新聞』二〇〇〇・八・二、夕刊
内山　節『自由論』一九九八、岩波書店
『「里」という思想』二〇〇五、新潮社
「挫折と危機のなかで」『図書』二〇〇九・六
「自然と人間の関係をとおして考える」AERAムック『新環境学がわかる。』一九九九・二
小熊英二「グローバリゼーションの光と影」『毎日新聞』二〇〇二・三・四、夕刊
黒崎政男『哲学者はアンドロイドの夢を見たか』一九八七、哲学書房
『デジタルを哲学する』二〇〇二、PHP新書
「大変動するコミュニケーション形態」『新聞研究』二〇〇五・一
多木浩二『眼の隠喩』一九八二、青土社
西垣　通「デジタル・ナルシス」（西垣通研究室ウェブサイト）
「網目のほころび」『群像』二〇〇三・八
正高信男『ケータイを持ったサル』二〇〇三、中公新書
三浦雅士『考える身体』一九九九、NTT出版
鷲田清一『じぶん・この不思議な存在』一九九六、講談社現代新書
『てつがくを着て、まちを歩こう』二〇〇〇、同朋社
山崎正和『混沌からの表現』一九七七、PHP研究所
『自己発見としての人生』一九八五、TBSブリタニカ
『文明の構図』一九九七、文藝春秋
『世紀を読む』二〇〇一、朝日新聞社

お礼状の書き方

平成24年7月27日 【日付】

○○大学 【学校名・会社名など】

入試広報課　○○　○○　様 【相手の肩書きと名前】

拝啓　暑い日が続いていますが、いかがお過ごしですか。 【①時候の挨拶】【②相手の様子を思いやる】

高校は夏期講習期間に入り、受験勉強に本腰を入れる時期となりました。 【③こちらの近況を伝える】

　さて、先日のキャンパス見学では、大変お世話になりました。 【④主文の書き起こし】

当日は、環境福祉学部で「社会福祉政策」についてのお話をうかがうことができ、大変勉強になりました。私は将来、介護福祉士としてお年寄りのよりよい生活をサポートできるようになりたいと考えているのですが、お話をうかがって、行政や事業所という視点も重要だということがわかりました。大学入学後に学ぶべきものが具体的に見えてきて、とても有意義な体験となりました。ありがとうございました。

　入試に向けてがんばっていきたいと思います。

　当日お世話になった皆様にもよろしくお伝えください。

敬具 【⑥結びの文】

○○高等学校3年 【⑦差出人の所属】

○○　○○ 【⑧差出人の名前】

【⑤主文】

　ただ「ありがとうございました」ではなく、当日お世話になったことで、自分が学ぶことができたことや、ためになったことなどを具体的に伝える。

　形式よりも、「ああ、この人の面倒を見てやってよかったなあ。」と思ってもらえるよう、相手の立場を思いやって書くことが大切。

　形式を整えることばかりに気をとられていると、事務的な印象を与えてしまいます。

メッセージの作成

送信

宛先：

CC：

件名：

株式会社 ○○○○
人事部 ○○様

こんにちは
平素より大変お世話になっております。
○○大学△△学部4年の○○○○です。

先日は○○セミナーにご招待いただきまして、ありがとうございました。

セミナーでは、グループワークでリーダーシップ論について学ぶことができ、
大変充実した時間を過ごすことができました。

今後ともどうぞよろしくお願いいたします。

自分の名前
電話番号
アドレス
****
○○大学△△学部4年
その他の肩書き
名前
電話番号
アドレス
****

大学生になると、外部の団体や企業と連絡を取り合う機会も増えます。
電子メールが多用されますが、基本的な作法は手紙と同じです。
絵文字のようなものは決して使用しないこと。
手紙のフッターに差出人のプロフィールを定型化したものが入ります。

編著者
手塚《てづか》 比目古《ひめこ》（東京都立立川国際中等教育学校主任教諭）

教科書完全《きょうかしょかんぜん》マスターシリーズ
ノートとフセンでラクラクわかる評論文《ひょうろんぶん》

平成24年２月10日　初版発行

編著者　手《て》 塚《づか》 比《ひ》 目《め》 古《こ》
発行者　株式会社 真 珠 書 院
代表者　三樹 敏
印刷者　亜細亜印刷株式会社
代表者　藤森 英夫
製本者　亜細亜印刷株式会社
代表者　藤森 英夫

発行所　株式会社 真 珠 書 院
〒169-0072　東京都新宿区大久保 1-1-7
電話(03)5292-6521　FAX(03)5292-6182
振替口座　00180-4-93208

ISBN978-4-88009-268-3

カバー・表紙・扉　小島トシノブ
本文デザイン　フェニックス